後継者

初代、二代目、三代目、どうやって繋いできたか

株式会社ロジテム九州 会長
末永浩毅

ワニブックス
|PLUS|新書

まえがき

私は、福岡県で社員数三〇〇人の運送会社の経営を行ってきました。二〇一六年、長男に社長職を譲ってからは、会長という立場で経営をサポートしています。その私は、父から会社を受け継ぎました。私自身も後継者の一人です。

当社の創業は一九五六年。末永運送、末永通商、ロジテム九州と社名を変えながら、今年（二〇二四年）で六八年間、三代にわたって会社を継承してきました。

時代は猛スピードで変わっていきます。紆余曲折ありましたが、**時代の流れに翻弄されることなく、無事に経営を続けてこられたのは、次の世代にバトンを渡すことができたから**です。

現在、私たちが目指しているのは、創業一〇〇周年を迎えること。私は一一一歳、三代目は八二歳です。すでに四代目が立っているはずです。

そのときの姿を、私は三代目、四代目とともにしっかりと見届けたい。

そんな野望を抱いています。


今、日本では後継者の不在によって、会社を継承できず、M&A（事業譲渡）及び廃業を検討している経営者が大勢います。

帝国データバンクの「全国企業『後継者不在率』動向調査（二〇二一年）」によれば、調査対象となった中小企業約二六万六〇〇〇社のうち、後継者が「いない」「未定」と答えた企業は約一六万社。後継者不在率は六一・五パーセントにもなります。

また、中小企業庁の発表では、日本には中小企業が三三六万社（二〇二一年六月時点）あるのですが、二〇一六年六月時点と比較すると、一年当たり四・三万社ずつ減少しているそうです。

これは、日本経済を揺るがす大問題です。

日本は中小企業の割合が非常に高く、全企業の約九九・七パーセントを占めています。日本の経済は、三三六万社の中小企業が支えていると言っても過言ではありません。大企業も中小企業の支えがなければ事業を継続できないのです。

中小企業の経営者の多くは、命がけで事業を行っています。その理由の一つは、金融機関から融資を受ける際、経営者自身が会社の連帯保証人となるためです。もし融資を返済できなくなった場合、経営者は自身の財産を使って返済しなければなりません。経営者がこの無限責任を負うことで、社員や家族にも大きな負担をかける可能性があります。我々、中小企業の経営者はこのようなリスクを抱えながら、命がけで会社を経営しています。

そうだというのに、日本経済は大企業が有利に回っており、大企業の経営者は連帯保証という責任がありません。中小企業の経営者ばかりが厳しい状況に置かれています。そのうえ、中小企業の多くが大企業に売却されています。経営に命がけの気概を持たない経営者が増えれば、日本の国力は弱っていくばかりです。

では、この状況を改善するにはどうすればよいのでしょうか。

私は、**中小企業の経営者が後継者をしっかりと育て、一〇〇年、一〇〇〇年続く土台をつくる**ことが必要だと考えています。

ところが、前述の帝国データバンクの統計を見ても、後継者不在率は、六一・五パーセントもあります。後継者不在による廃業の主な原因は、次の六つと考えられています。

1）少子高齢化
2）若者の価値観の変化
3）事業継承の準備不足

4）経営環境の変化
5）資金調達の難しさ
6）税制や法的問題

こうしたことが幾重にもからみ合って、廃業に追い込まれていく中小企業が多くなっている、と見られています。

しかし、問題は果たしてそれだけでしょうか。

中小企業の多くは、親から子へ、そしてまたその子へと、家族間で継承しています。私たちの世代は、長子継承が当たり前で、「長男に生まれたからには、事業を継ぐのは当然」という感覚がありました。

しかし、多様性（ダイバーシティ）の時代と言われる現在、若い世代には、長子継承という感覚が薄れてきています。「親父が大変な思いをしているのを見てきた。

自分はもっと自由に生きたい」と考える人が多いようです。

問題点は、まさにここにあります。**後継者問題の本質は、親子の関係そのものが薄らいでしまっていること**にある。私はそう考えています。

価値観の多様化や経営難、税制の問題などは、外的要因です。その外的要因を引き寄せてしまっているのは、経営陣の問題です。中小企業の場合、経営陣は親と子、またはその家族が占める割合が大きくなります。つまり、親子や家族の関係が経営にも大きな影響を及ぼすことになるのです。

そして、その**親子関係を築いている主役は、他の誰でもない、自分自身**です。自分の意識こそが親子関係のあり方を定め、そして経営にも強く影響を及ぼしています。

では、その意識のあり方とはどんなことでしょうか。

私は、周りの人たちから「波乱万丈の人生を送っている」と言われています。実際、ブラジルで六〇〇万坪もの牧場を開き、成功させました。そんな経験を持つ経営者は他にいないのではないでしょうか。稀有な経験をたくさんしてきました。良いこともありましたが、困難なこともたくさんありました。

そのすべては、**私自身の意識が引き寄せた結果**だと考えています。

そんな実体験と意識の使い方は、今、後継者問題に悩む方々にとって、もしかしたら何かの役に立つのではないか。そんなことを思い、「後継者」とのタイトルで文章を綴ってみることにしました。

ふつうの経営コンサルタントが語るような、前述した1〜6の外的要因の話はしません。そうしたことは、経営者自身、あるいは後継者自身の意識次第で何とでもなることだからです。

後継者として生きてきた時代を出発点に、会社を受け継ぐ親子の問題を自らの意識でどう乗り越えてきたのか、そして今後もどう向き合っていこうとしているのか。

そうした私の経験を伝えることが、後継者問題に直面する方々の参考になることを願いつつ、書き進めていきたいと考えます。

株式会社ロジテム九州　会長　末永浩毅

第一章
父から私へ受け継がれてきたもの

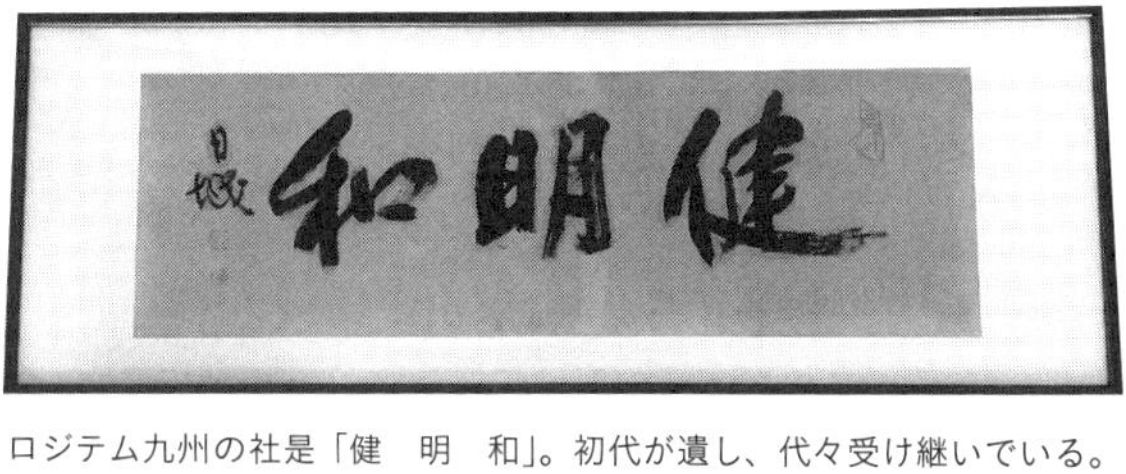

ロジテム九州の社是「健　明　和」。初代が遺し、代々受け継いでいる。

「健　明　和フォーエバー」

ロジテム九州の社是は、「健　明　和」です。
創業者である私の父がこの社是をつくりました。

「健」一・身体は健やかに
「明」一・家庭は明るく
「和」一・職場は和やかに

創業から六八年、これほどの社是があるだろうか。そう誇れる社是をつくってくれた父には、感謝の一念しかありません。
なぜ、この社是がすごいのか。私たちが幸せな人生を築くうえで何よりも大切なことを、たった三文字で表しているからです。

この社是をもとに、後継者である私は、

「健」　一．健康の王道を往く
「明」　一．感謝笑顔の王道を往く
「和」　一．整理整頓の王道を往く

と、理念目標を設定しました。

人間にとって、もっとも大事なのは「健」。心身の健康は、天命をまっとうするための根本です。あらゆる**幸せは、健やかな心身が引き寄せます**。よって、父は、自分自身にも、社員たちにも、何よりもまず健康の王道を往くことを求めました。

次に、大事なのが「明」です。明るさは、人間関係の根本です。

「笑う門には福来る」

と言います。良い人間関係を築くために、大事なのは感謝と笑顔。この明るささえあれば、人間関係は必ずうまくいきます。

ちなみに、あらゆる人間関係の根本は、家庭です。家族関係の良好な人は、職場や仕事でもより良い人間関係を築けます。この家族関係は、感謝と笑顔でつくられます。とくに経営者の場合、子や孫に後継者になってもらうためには、家族関係が重要。常に**明るく笑顔で感謝を忘れない「明」の心が、親子、そして孫との関係を良好に**します。

また、笑顔と感謝を忘れない人は、素晴らしい人と出会うことができます。良い人と出会ったら、その連鎖で次の良い人と出会えます。さらに、良いことが起こると、その連鎖でまた良いことが続きます。

すると、人生はどんどん楽しくなっていきます。この「**楽しいなぁ」という思いの中核には、必ず感謝と笑顔がある**。「明」の文字には人生を喜び深く生きるための真髄が表されています。

そして、最後が「和」です。

「和を以て貴しとなす」

これは、聖徳太子が制定した我が国最初の憲法「十七条の憲法」の第一条です。協調、そして調和の大切さを説くこの言葉は、日本人の精神構造の基盤として、脈々と受け継がれてきました。

では、「和」の精神を、私たちはふだん、どのように表現しているのでしょうか。

それは、身の回りの状態です。身の回りが乱雑な人は、周りの人たちや環境と調和の取れていない人です。周りのことを考えられないというマイナスのエネルギーを表しています。

身の回りが整っている人は、周りの人や環境と調和の取れている人です。自分と周り、そして世界を整えていけるプラスのエネルギーを表しています。

「整理整頓の王道を往く」ということは、聖徳太子の教え「和を以て貴しとなす」の具体的な実践法です。**整理整頓をしっかり行っていくことは、周りの大切な人たち、そして世界と一体化していくこと**なのです。

父が決めた社是は、会社や経営よりもまず、人としてどう生きるべきかを示しています。社員の幸せを真っ先に考え、その人間性を高めるための社是なのです。

私は、この社是に「フォーエバー」という一言をつけ加えました。末永という姓は英語で言うと「フォーエバー」です。人生を明るく楽しく幸せに生きていくための「健　明　和」。この**社是を末永く守っていくことが、後継者であり「末永」の姓を受け継いだ私の天命**です。

「子孝行な親」であれ

「健　明　和」という立派な社是を残してくれた父は、二〇年前に亡くなりました。九一歳で逝った父に対して、私にあるのは、感謝だけです。

そんな話をすると、どれほど良い父親だったのか、と思われるでしょうか。

しかし、父を一言で表現するならば、頑固親父。

昔から「地震、雷、火事、親父」と言いますが、我々子どもや孫たちにとって、それはそれは恐れられた存在でした。

父、光俊は、福岡市郊外の農家の次男に生まれました。

戸籍には大正元年（一九一二年）八月一日生まれとありますが、「本当の誕生日は、明治四五年七月三一日だ」と私たちに常々語っていました。

「明治生まれである」ということを誇りにしていた父。そこにも、父の頑固さの一端が見え隠れしています。

戦時中は、軍隊の輸送部隊に所属していました。軍需品や食糧、そして兵員を後方から戦闘地帯へ運ぶことを「兵站《へいたん》」、英語で「ロジスティクス」と言いますが、兵站が父の主な任務でした。

多くの修羅場をくぐり、筆舌に尽くしがたい経験をしたはずです。軍隊での話は一切、語ることはありませんでした。「良い思い出がない」との一言に、父の苦渋が表れています。その軍隊での生活で、父の特性は磨き抜かれたのだと思います。自分にも周りにも厳しい生き方を求め、強烈な個性を発揮し続けた人生でした。

戦後、父が始めたのは、運送の仕事です。軍で取得した運転免許とトラックの運転技術をもとに事業を興したのです。運送業はトラック一台あれば始められます。戦後の混乱を生き抜くうえで、父にできたことは、軍隊で身につけたトラックの運転しかなかったのです。

場所は福岡県福岡市。母方の曽祖父が所有していた農地の一角をつぶして車庫用地として借り受けたのが、現在のロジテム九州の始まりです。

父が一般区域貨物自動車運送業の認可を受け、創業したのは一九五六年。四四歳のときです。社名は末永運送。私は一一歳でした。

当時の私の朝の日課の一つは、トラックのエンジン始動の手伝いでした。昔のトラックは、フロントに差し込んだクランク棒を回し、エンジンを始動させるという代物で、かなりの重労働でした。夏場はまだよいとしても、冬の寒い朝はエンジンの起動が悪い。小学生にはきつい仕事でした。ようやくかかったエンジンの唸り声、ガソリンの匂いは今も鮮明に脳裏に焼きついています。

また、中学校に通う頃には、通学前に、行き先と運転手の名前を配車表に書き込むことが、父の命で義務化されました。間違えれば、大変な混乱をドライバーに与えることになります。こちらは、神経を使う仕事でした。

父はとにかく厳しく、今の時代だったら児童相談所に通報されるのは間違いないはずです。往復ビンタは日常茶飯事、少しでも曲がったことをすると鞭で打たれました。コンクリートの土間に長時間正座させられたことも何度もあります。

私には、年子で弟が三人います。私が誕生したのは、一九四五年五月。そこから、毎年男の子ばかりが両親のもとに生まれました。

そんな四兄弟の朝の日課は、ランニング。雨が降ろうが、雪が降ろうが、強風が吹こうが、軍隊さながらに父に叩き起こされました。そして、ランニングシャツと猿股（男子用のズボン型の下着）だけで、福岡市内を走るのです。当時は、福岡の中心部もまだ舗装されていませんでした。その砂利道を裸足で約三〇分間、末永四兄弟でランニングする姿は、ちょっとした名物でもあったのです。

当時はまだ、頑固親父と呼ばれる男たちが大勢いました。それでも、あれほどのスパルタ教育を施す父親は、どこを見てもいませんでした。

子ども心に「このやろう」と思ったことは何度もあります。しかし、反抗したり、「こんな親父は嫌だ」と嘆いたりしたことはありません。それは、父が恐ろしかったからではないのです。

父のスパルタ教育のおかげで、私は、心と体が人一倍強くなっていることに気づいていました。勉強も運動も、周りの級友より突き抜けていました。

小学校卒業時には、市長賞を受賞。小学校から高校まで無遅刻無欠席を貫き、一二年間皆勤賞を取ったのです。

「この親にしてこの子あり」

父の教育が、私の心身を人一倍どころか二倍も三倍も頑丈にしてくれました。

ただ、いくら健康体とはいえ、熱を出したことは何度かあります。しかし、三八度の熱があっても、父は「学校には行け」と命じるのです。

ところが、「病は気から」というのは本当なのか、つらい体を押して学校へ行き、授業を受けていると、不思議なことに熱がスーッと引いていき、帰宅する頃にはすっかり元気になっていました。親に甘えられなければ、自力でやり抜くしかない。気合に勝るものはない。これもまた父の教えの一つだったと感じます。

私が父に反抗しなかった理由はもう一つあります。すぐに癇癪を起こす強烈な個性の中に、時折、優しさが垣間見えるのです。**ふだんは恐ろしい存在だからこそ、優しさに触れたときの感動は大きかった。**三八度の熱があっても学校に行かせるくせに、家にいるときには身を粉にして看病をしてくれました。

何より、父にしかできない経験を私たちにたくさんさせてくれました。

夏が来ると、トラックの荷台に柱で枠組みをし、シートで覆った即席キャンピングカーをつくって、海水浴場に連れていってくれました。車の数が少なく、荷台に人が乗ってもおとがめのない時代。トラックの荷台に乗って海水浴場へ行く喜びは、

右から創業者の頑固親父、末っ子、次男坊、そして一番左が私。トラックの荷台で。

今も思い出すだけで胸が躍ります。

さらに、私が六年生のときに、イギリス製のオースチンという中古の乗用車を父は買ってくれました。小学校で自家用車のある家庭は三軒だけ。そのうちの一軒が我が家です。さほど裕福だったわけではないのですが、それでも車があるというのは、子どもながらに鼻の高いことでした。

良くも悪くも、全身全霊をかけて子どもたちにエネルギーを注いだ父。

そのすべてを、私は素直に受け入れる

ことができました。

この点で、私と父は相性が良かったのです。

後継者教育を施すうえで、重要なのは親子の相性を見て、方法を選ぶことです。

というのも、次男と三男は、私と同じ教育を受けながら、父と折り合いが悪く、三番目はやがて家を出ていき、音信不通になりました。

なお、末っ子になると、父も若干甘くなり、私たちほどのスパルタ教育ではなくなりました。その弟は、私が社長のときに専務でした。ゴルフもよく一緒にしました。四人兄弟で、仲良くつきあえたのは彼だけです。


明治、大正、昭和、平成という四つの時代を力強く、激しく生き抜いた父。九一歳で逝った死因は老衰。大往生でした。

福岡市内のホテルで行われたお別れの会には、大勢の人が駆けつけてくれました。社員や仕事関係者の他に、老人ホームや養護施設の方々の姿もありました。父は

「愛の箱」という献金箱を各事業所に設置していました。一九七二年から始め、父が亡くなるまでの約三〇年間で、総額約四五〇〇万円にはなったと思います。この寄付を喜び、待っていてくれる人たちがいる。父が始めた「愛の箱」は、跡を継いだ私にとっても、経営者としての心のより所であり続けました。「愛の箱」があったおかげで、どんな困難に直面しても後継者としてふんばる支えとなったのです。

私は、お別れの会の挨拶で、

「子孝行の親父だった。心から感謝している」

と語りました。大病をしたことがなく、精神的にも人一倍強い私の人間性は、父の教育によってつくられたものでした。父は、私たち子どもの教育に全身全霊を傾けてくれた、まさに「子孝行」の親だったのです。

後継者教育で大事なのは、子どもに「子孝行の親」と思わせられるかどうか。ここに尽きるのではなかろうか。そんなことを考えています。

後継者に生まれたのは「宿命」

私自身、八〇歳を目前に控え、残された時間より、過ぎ去った時間が圧倒的に長くなりました。

最近は「宿命」「運命」という言葉の意味をよく考えます。

では、私の宿命とは何だったか。**末永家の長男に後継者として生まれたのが私の宿命**だ。今は、そう言い切ることができます。

ただ実は、後継者ではない道を進もうとしたことが二度あります。その一度目が大学受験のときでした。

私が在学していた福岡県立修猷館《しゅうゆうかん》高等学校は、もとは江戸時代の福岡藩の藩校で、福岡屈指の進学校です。東京大学や一橋大学へ進学する友人も多い中、私は地元の九州大学の医学部を受験することに決めました。

特別に医者になりたかったわけではないのです。ただ、九州大学の最難関が医学部だった、というのが志望理由でした。

父もこのときばかりは喜び、私が後継の座から降りて、医者になることに賛成しました。「浩毅が医者になったら、病院をつくろう」と夢まで語ったほどです。

ところが、結果は不合格。翌年もチャレンジしましたが、再び不合格。懸命に勉強をし、成績から見ても合格は確実だったのです。それなのに、二年も続けて落ちてしまう理由がまるでわからない。このときには、さすがに死んでしまいたいほどの思いに苛まれました。

数か月間、自室に引きこもり、ただ腑抜けのように天井ばかり見つめる日々。そのときなのです。

「医者になるのはやめろ」

「えっ？」

「医者になるのはやめろ」

そんな声が、突如、耳に飛び込んできました。不思議な経験でした。そして、その言葉を私は「神様の言葉」と受け止めました。

「そうか。神様がやめろというならば、やめたらいいじゃないか」

と、ようやく現実を受け入れることができました。

では、本当に神様のお告げだったのでしょうか。確かに、私の耳にはそう聞こえた。これを神様の言葉と信じるかどうかは、自分次第です。私は神様のお告げと捉え、素直に従ったことで、人生の場面が切り替わりました。

その夏から、九州大学の工学部を目指して猛勉強を始め、無事合格を果たすことができました。

人生とは、河の流れのようなものです。

生まれ落ちたその場所が水源。これが宿命です。人は皆、自らの意志で、水源を選んで生まれてきています。

これは、私の人生訓の一つです。私は、人生をかけて多くのことを学んできました。そして、「人は皆、水源を自ら選んで生まれてくる」と確信するに至りました。

このことは、覚悟を決めて自分自身の人生を生きるうえで欠かせない考え方です。私が父のもとに生まれてきたのも、自分で選んだ宿命。宿命とは、この世に生まれる前の自分が決めたことですから、変えることはできません。

そこから長い時間をかけて、上流、中流、下流とたどっていき、最後に大きな海に流れ込んで、人は一生をまっとうします。

大きな河もあれば、小川もある。大河、小川、清流、濁流。**自ら選んだ水源を、どんな河にするのか、これを決めるのが運命**です。

運命は「命を運ぶ」と書く。河を滔々《とうとう》と淀むことなく下りきる運命もありますが、支流に流れ込んだり、淀みにはまったり、逆流したりする運命もある。**命をどんなふうに運ぶのか、実は、決めているのは自分自身**なのです。

医学部に進学しようと決めた、あのときの私は、「末永家の後継者」という本流から外れて支流に流れ込もうとしていました。

しかし、それを神様に止められ、本流に戻ることができました。神様の声で医者になる道を捨てたのは、私自身が決めたことです。あれこそ、まさに私の運命です。そして、人生の重要な場面で神様の声を聞けたのは、私が強運の持ち主だからと考えています。運とは自分で決めるものだと私は捉えています。**「運が良い」と自ら決めれば、誰でも運の良い人生を生きることができる**のです。

ただし、強運の人生を生きるうえで、欠かせない考え方があります。

それは、**宿命を素直に受け入れること**。水源を知らずして、河がどこに流れていくのかなど、わかるはずがありません。私が「後継者」に生まれてきたのは、自分でその水源を選んだ結果。この宿命を素直に受け入れてこそ、水源は清らかに保たれ、運命という河は美しく流れ出すのです。

念ずれば花開く

大河の流れは穏やかです。水は滔々と流れていくのに変化は感じられず、ときとしてつまらなく、成長を感じられないところもあります。

人生も、そうしたところがあります。穏やかな流れは平穏だけれども、実は人間性も成長しにくい。しかし、**後継者として人の上に立つ者には、「この人についていきたい」「一緒に働きたい」と感じさせるような大きなエネルギーが必要**です。

大きなエネルギーは、激流から生まれます。激流は、人間性を磨き上げます。社員や取引先など、多くの人を惹きつける人間になるためには、**後継者には、一度は本流から離れ、激流に飛び込む経験が必要**だろうと私は考えています。

大学四年生のとき、教授が「末永君はここに就職しなさい」と大企業と話をつけてきてくれました。エネルギー関連の会社で、就職すれば世界中を飛び回ることになる、やりがいのある仕事でした。「君はエネルギーにあふれている。海外でがんばりなさい」と応援してくれたのです。

この話には父が猛反対。医者になることは許せても、他の会社に勤めることは許さない。それがたとえ大企業であったとしてもです。

「おまえは、家を継げ」と命じられました。私は、父に素直に従いました。それが自分の宿命だと受け入れていたからです。なお、会社は一九六六年、私が大学一年生のときに、法人化して末永運送から末永通商に社名を改めました。

一九七〇年、私は大学卒業とともに末永通商に入社しました。

幼い頃から会社に出入りし、仕事も手伝ってきましたから、社員は皆顔見知りで、困ることは何もありませんでした。当時のトラックドライバーは、昔で言う「トラック野郎」たち。気性の荒い人たちでしたが、「よう、二代目」と、とてもかわいがってくれました。私も彼らの助手席に積極的に座り、仕事を覚えていきました。

二年後、妻道世と結婚。その二年後には長男の浩司も生まれました（三代目の誕生です）。すべてが順調に行っていました。

しかし、私の心には悶々《もんもん》とした閉塞感がありました。人生が平穏過ぎて、成長が止まっているように感じられたのです。

「あぁ、俺の人生はこんなふうに過ぎていくのか」

そんな物足りなさを抱えていました。

父に誘われ、南米一周旅行に出かけたのは、その頃でした。

父には諦めた夢が一つありました。それは、ブラジルで農園を開くことです。

戦前、二十代の父は、実家が農業をしていたこともあって、ブラジルで大農園を開く夢を抱きました。その夢を家族たちに語って説得し、福岡県庁を通じて移住を決めました。家族全員十数人、農地や家、家財道具などすべての資産を処分して、神戸から船でブラジルに渡ろうとしました。さあ、間もなく船に乗り込むぞ、というそのとき、父の妹、つまり私の叔母がトラホームにかかったのです。

トラホーム（現在の病名はトラコーマ）は、主にハエが媒介する細菌感染によって起こる結膜炎で、くり返し発症すると失明に至ると恐れられた眼病です。現在はほぼ見られなくなりましたが、当時は感染する人が大勢いました。

叔母のトラホームが治るまでは、船には乗れない。治療をしながら完治を宿泊所で待っていたときでした。突然、ブラジルが移民の受け入れをストップしたのです。

父の夢は絶たれました。直前にして叶わなかった夢。何十年経っても忘れられなかったのだと思います。その場所を一度見に行こうと、親子で南米を一周しながら、ブラジルへ向かうことにしたのです。

そのブラジルの地で、私は「俺は生きているんだ！」と実感するには十分過ぎるほどの熱気を全身に感じました。悶々とした迷いを一掃してくれる情熱と陽気な明るさに、瞬く間に引き込まれました。

父も同じ気持ちだったようです。ブラジルに移住したい。でも、今となってはもはや不可能です。会社を法人化し、社員を多く抱えています。自分がブラジルに渡ることはできない。そんな葛藤が抑えきれなくなったのだと思います。

サンパウロのホテルに滞在中、父がこんなことを言い出したのです。

「俺には息子が四人もいる。誰か一人くらい、俺の夢を継いでブラジルに移住してくれないか」

二人で人選を始めました。

「次男はなあ」

「三男はちょっと」

「末っ子はねぇ」

なかなか決まらない。とはいえ、私は末永通商の後継者です。でも、父の夢を叶えるのも後継者の役割じゃないか。何より、ブラジルの熱気の中で生きてみたい！

「それなら俺が行こうか」

思わず、そう名乗り出ました。

「そうか、浩毅が行くならいい！」

父もおおいに喜びました。めったに息子を褒めない父が、このときばかりは嬉しそうに目を輝かせました。後継者として育ててきた私を送り出してでも、父は自分の夢を叶えたかったのです。


人生の岐路は、人それぞれ違います。その岐路は、いつ、どのようにやってくるのかはわからない。多くの人は、そう考えます。

しかし、果たしてそうでしょうか。**運命とは、自分が強く念じることで引き寄せているもの**です。

「このまま、人生を終わりたくない」という願い。その強い思いが、滔々と平穏に流れる河から、ブラジル移住という激流へと私を向かわせました。これもまた、運命という言葉でしか表せないことです。

父とのブラジル旅行から一年後の一九七六年、私は、ブラジルの地に降り立ちました。今度は妻の道世と二歳の浩司が一緒です。父の夢を叶えるため、そして人生を変えるため、後継者という本流から離れ、三一歳で自ら新たにつくった流れに飛び込みました。その流れに平穏さはありません。激流そのものです。

しかし、ブラジルでの経験は、私の人生を唯一無二のものにしてくれました。

「念ずれば花開く」

と言います。

「このまま平穏に生きるより、人生をもっとおもしろくしたい」

そんな願いであっても、強く念じたことは自ら引き寄せることができるのです。

母の愛は偉大なり

後継者である我が子をいったん手放してしまうと、本当に戻ってくるのか。親は、心配になることがあります。もしも、我が子が支流での暮らしに慣れ親しんでしまったとしたら、親として認めるべきか、それとも引き戻すべきか、おおいに迷うことになります。

私の母ヤエは、その十年後、命をかけて私をブラジルから引き戻しました。昔から父は強く、母は一歩引いて子どもたちを愛情深く見守るという両親でした。だからこそ、あのときに感じた母の強い思いは、ブラジルに移住したとき以上のインパクトを私に与えました。

一九七六年にブラジルに移住してからの二年間は、生活の基盤づくりと学びに時間を費やしました。言葉を学び、たくさんの人から話を聞き、ブラジルの各地を見て回りました。

そうした中で、経営者も医者も、お金持ちになると皆、牧場を持つことを知りました。ブラジルでは牧場経営がステータスの象徴になるわけです。

それならば、初めから牧場を持てばいいじゃないか。そうすれば、ブラジルでいっきにてっぺんに駆け上がれる。そう考えた私は、四方八方に手を尽くし、ときにはセスナをチャーターして現地をめぐり、ゴルフ場が二〇コースできるほどの六〇〇万坪の原生林を購入しました。当時の金額で一坪一〇円でしたから、六〇〇〇万円です。

場所は、南米大陸のど真ん中で、サンパウロからは西へ約一三〇〇キロの位置。現地の人は、五〇〇～六〇〇キロの距離も「ちょっと行ってくる」というような感じで移動しますから、とくに不便さは感じませんでした。

購入した大地の樹々を大型ブルドーザー二台でなぎ倒していく。アマゾンのような密林ではないので、意外と簡単に平地になっていきました。樹はまもなく枯れ、火をつけて焼き、土地を掘り起こし、まずは畑をつくりました。

本当は初めから牧場をやりたかったのです。しかし、ブラジルの銀行は「牧場には融資しない」という定めです。しかし、「米栽培への融資ならしてもいい」と答えました。そこで、融資を受けるため、まずは陸稲《りくとう》を栽培することにしたのです。


ただ、それはあまりに無謀なチャレンジだったようです。

近くには養鶏所を営む日系人たちが多くいたのですが、「あんなところで稲が育つものか。新参者のクセに」とずいぶん陰口を叩かれました。

それでも、私には「うまくいく」という確信があった。その確信は、神様が抱かせてくれたものじゃなかったのか、と今は感じます。なぜなら、「神様が俺の人生に味方してくれている」と感じる出来事が起こったからです。

当時、牧場にまだ家を建てておらず、私たちは車で一時間ほどの州都（カンポグランデ）に家を借りていました。そこから牧場に向かうとき、畑の辺りに雨雲がかかっているのが見えるのです。

「なぜ、あの場所にだけ雨雲があるんだ？」と不思議に思いつつ、到着すると、本当に畑の周辺に雨が降っている。「雨がほしいな」と思うと、雨が降る。そういうことが何回かくり返されたのです。

これを、いわゆるビギナーズラック（初めての挑戦でたまたま成功すること）というのでしょうか。そうは考えません。**「必ず成功する」という私の強い信念が引き寄せた運命**です。

この強運のおかげで、その年は大豊作。

一面に黄金色の稲穂が実るという美しい光景が広がりました。

地方新聞社も「奇跡が起きた」と取材にやってきました。

その年、二〇〇頭の牛を仕入れることができました。

大豊作だったのはその年限りでしたが、おかげで畑から牧場へとうまく移行でき、最終的には三〇〇〇頭もの牛を飼いました。

牧場づくりでは、いかに牛たちの健康を守りつつ、効率的に育てていけるかという仕組みづくりに専念しました。大学で学んだ土木工学の知識をフルに活用しつつ、工夫を凝らして、それまでのブラジルにはない仕組みの整った、まったく新しい牧場をつくり上げたのです。

とはいえ、もっとも多いときで四〇～五〇人ものブラジル人を雇っての牧場づくりは、あまりにも大変でした。日本人のような勤勉さはなく、こちらが思うようには動いてくれない。ストレスで血尿が出たこともあります。

それでも、「好きなことをやっているのだから」と気持ちを奮い立たせて、牧場経営をスタートさせました。

牧場はつくるまでが大変ですが、仕組みができれば、あとは月に一回、見回りに行く程度でよくなります。そこで、農業高校を卒業したばかりの、親戚の息子を日本から管理責任者として呼び寄せ、管理は彼に任せました。

親戚の息子である牧場の管理責任者と私。ブラジルの牧場にて。

牧場で大切に育てていた、ネローレというインド原産の肉牛たち。

さあ、そうなると、次に何をしようかと、私の関心は他に移りました。

その頃、私には、駐在員の友人が大勢できていました。彼らは、日本のテレビ番組を録画したビデオテープを仲間内で回していました。それを日々の何よりの楽しみにしていたのです。

「ひょっとして、これは商売になるんじゃないか」

彼らの様子を見ていて、パッとひらめきました。


場所はブラジル、そして日本でも著作権がまだあまり問題になっていない時代の話です。合法か否かといえば、後者ですが、違法なことがまかり通ったのが、当時のブラジルでした。

私は、日本にいる家族にドラマなどの番組を録画したテープをひと月単位で大量に送ってもらいました。そうしてストックを増やし、サンパウロの中心街にレンタルビデオ店を開きました。場所は、日本の大手商社のビルの地下です。

当時、ブラジルでは、ビデオデッキは贅沢品として二〇五パーセントもの関税がかけられていました。そのため、ビデオデッキを持つブラジル人は限られていたのですが、現地に住む駐在員はほとんどが持っています。店には日本人を中心に大勢の人が集まり、あっという間に大繁盛。フランチャイズ化にも成功しました。

世界中で大人気となった、テレビドラマの放送が始まったことも、店の人気に拍車をかけました。極貧の農家に生まれた少女が、明治から大正、昭和という激動の時代を生き抜く「不朽の名作」と称えられた、あのドラマです。

牧場主であり、事業家としても成功を収めた私。

ブラジルでの社会的信頼は大きくなり、政府に知人も増え、いつしか大統領とも食事をする機会ができるほどになっていました。

一方で、そんな私のもとには、大金を生む話がいくつも持ち込まれるようになりました。その多くは、法に触れる仕事です。

「これは、末永さんにしか頼めないんだよ」

そんなことを言われると、「なんとかせないかん」との思いが湧いてきます。当時のブラジルでは、「袖の下を使う」ということが簡単にできましたし、政府の要職に就く知人も多かったことから、ブラジルの空港は顔パスで通過できるようにもなっていました。

ビデオデッキを関税がかからないように売ってくれないかと頼まれ、五〇〇〇台も売ったことがあります。現地の病院関係者に頼まれ、日本の医療機器を内密に持ち込んだこともありました。

もしも、あのままブラジルにいたならば、大金持ちになっていたはずです。ですが、裏の社会に入っていたかもしれません。ブラジルの熱気の中で、人間性が損なわれていくような感覚が確かにありました。

「このままブラジルにいたら、俺はどうなってしまうのか」

そんなことを思うようになっていたのです。

激流にのみ込まれ、引き返す道がわからなくなっていました。

そんなときでした。

「おふくろに肝臓がんが見つかった。すぐに帰国しろ」

との連絡が入ったのです。すでに末期の状態で、六五歳の若さで余命は半年あるかないかと宣告されたと言います。

一九八五年、私たちは日本に一時帰国しました。

母は、サンパウロで危ない橋を渡り続けている私をずっと心配していました。

「このままブラジルにいれば、浩毅はダメになる」

そう思い続けていたのだと思います。

「なんとしても、浩毅を家に引き戻さなければいけない」

という強い思い。**母は私を引き戻すことに、命をかけた**のです。そのくらい強烈な出来事がない限り、私は日本に帰国できない状況にありました。

母の愛とは、なんと偉大なことか。命をかけて、私を人生の本流に戻してくれた。

そんな母の強さには、今も心の底から感謝の思いが湧き出してきます。

親から受けた恩は必ず返す

人はこの世に生を受け、親の庇護のもとで成長を重ね、独り立ちをします。

そして、次の世代をもうけ、成長を見守り続けながら、やがてはあの世へと旅立っていきます。

これが、人類が誕生して以降、脈々と受け継がれてきた命の営みです。この営みを次の世代に繋ぐうえで、もっとも大事なことは何でしょうか。

日本では、後継者不在によって廃業に追い込まれる企業が多くなっています。真の原因は、人として大切な意識が薄らいでいることにあると私は考えています。

その大切なこととは、「**義理と人情**」です。

受けた恩は倍返し。受けた仇は忘れてしまえ。

これも私自身の人生観の骨格を成す重要な価値観です。

では、私たちが、真っ先に恩を返すべき相手は誰でしょうか。

言うまでもなく、親です。この世に自分を誕生させてくれた親。私たちは、親を自ら選んで生まれてきています。**後継者として生まれてきた子は、自分でその水源を選び、この世に来た**のです。そのことを受け入れてくれたのが両親。子どもにこの価値観があれば、後継者問題は起こりません。

命をかけて、私をブラジルから引き戻してくれた母。私も母への恩を忘れたことがありません。

ただ、一九八五年暮れに一時帰国した折には、正直なところ、ブラジルを引き払う決心はついていませんでした。帰国しても、末永通商では、弟たちがすでに働いています。三男は父との関係が修復不可能なほどこじれ、家を出ていましたが、次男と四男は会社の中核で働いていました。そこに私がのこのこ入っていくことに、

「今更」という思いがしていました。

余命半年と宣告された母は、自室で眠っていました。この世に残される父は七四歳。兄弟三人、そして妻たちが集まり、今後の話し合いの場が持たれました。

私たちはブラジルにいて、弟たちは実家の近くで暮らしています。

「おふくろが亡くなったら、誰が親父の世話をするか?」

弟たちは妻の様子をうかがい、妻たちはうつむいたまま。皆、父と暮らすことがいかに気苦労の多いことか、よく知っていました。そうだというのに、この大事な場面で、父はまたも癇癪《かんしゃく》を起したのです。

「いい、いい。おまえらには頼まん。俺は浩毅とブラジルに行く!」

そんな父を見て、妻の道世が「いいよ」と快く受け入れてくれました。私の決心がついたのは、このときです。

「親父、ブラジルに来たいというなら歓迎する。でも、今更移住しても言葉はわからんし、大好きなゴルフも今のようにはできんぞ。それでもいいのか? それならば、俺たちがここに帰ってくるよ」

そして弟たちに、自分の思いをぶつけました。

「親父の面倒を見ないというならば、俺たちが見る。だが、いいか、俺が帰ってくるからには、俺が社長ぞ。おまえたちは、それを受け入れるのか？」

「わかった。兄貴。社長をやってくれ」

弟たちは、首を縦に振りました。あの瞬間、私は後継者という本流に戻ってくることができたのです。

私を本流に引き戻してくれた母。その恩に報いるため、私たち夫婦は、献身的に母の看病をしました。親の恩への報い方はいくつもありますが、その一つが看取ることではないでしょうか。

自分をこの世に迎えてくれたのが親ならば、親をあの世に送り出すのが子の役目。

穏やかな気持ちであの世へ旅立てるよう、送り出すことで親の恩に報いることが、私たちにはできるのです。

母が亡くなったのは、ブラジルから一時帰国した翌年の七月二〇日でした。

その前日は、小学校六年生の長男の浩司が通知表を持ち帰ってきた暑い日だったのをよく覚えています。

家族みんなで夕食を終えて少し経った頃、母は「なんだか具合が悪い」と早々に布団に入りました。すると熱がどんどん上がり、うなされ始めました。「お父さん、お母さん」とうわ言を言うのです。顔を拭いてあげると、タオルが黄色くなりました。

父と子どもたちを休ませ、その夜、私たち夫婦は看病を続けました。そして、明け方の四時頃、母の表情がふっと穏やかになったのです。そして寝息を立てて静かに眠り始めました。

「これで、しばらく大丈夫だろう」

私たちも母の隣でようやく横になれました。その一時間後です。父が「どうだ?」と部屋に入ってきました。母の顔を見ると息をしていない。

「おふくろ、逝ってしまったよ」

母は、私の手をしっかり握ったまま旅立っていきました。

魂を磨き、父と一体となる

母が亡くなる約四か月前の一九八六年三月末、私たち一家が帰国すると同時に、父は私に社長の座を譲りました。

その後、経営には一切口出しをせず、「思うようにやれ」と全面的に任せてくれました。

大学卒業後、六年間は社内で働いていたとはいえ、助走期間も準備もないままの社長就任でしたから、そこからの一〇年間は苦労の連続でした。

一九九九年にはロジテム九州に社名を変更。ロジテムの名は、父が軍隊で担当していたロジスティクス（兵站）からつけました。そこが当社の原点だからです。いわば、会社の水源。ここときちんと向き合ってこそ、運命を大きく広げていけると考えました。

「九州」とつけたのも同じ理由から。ゆくゆくは、世界に飛び出すことを見据えているのならば、「九州」ではないほうがいいのではないか、という意見もありました。しかし、九州こそが私たちの原点です。

また、九州はロゴにすると「ＱＳＨＵ」にできる。この「Ｑ」のロゴに、「今は、九州で仕事をしているが、いずれ突き抜けるぞ」という思いを込めています。

この社名を、父も気に入ったようでした。

父は、母亡き後、母屋を私たち一家に譲り、隣に隠居部屋を建てました。そして、健康管理を熱心に行い、ゴルフをしながら悠々自適に暮らしました。朝と夜は母屋へ来て、家族みんなで食事をするのが日課でした。妻の道世も、癇癪持ちの父と上手につきあってくれていました。

そして忘れもしない二〇〇四年二月一一日。父が九一歳のときです。

夕食の時間になっても、父が母屋へ現れません。離れに様子を見に行くと、急に足が動かなくなったと言うのです。

初代創業者の父、二代目の私、三代目の長男。親子三代。

その日から、私の介護生活が始まりました。体の自由が利かなくなった父のベッドの隣に、折り畳み式のベッドを置き、そこに寝泊まりする日々。

ご飯を食べさせ、風呂に入れるなど、すべての世話が必要になりました。

社長業をしながらの介護生活は心身ともにしんどく、ひと月も過ぎると、

「親父の首をしめて極楽往生させたら、どんなに楽か」

との思いが湧いてくるようになりました。そんなこと、思うことすらよくない。わかっているのに、気づくと頭にこの言葉が浮かんでくる。そうしたときでした。

「おまえはまだまだ俺と一体になっとらん」

口を利くのも苦しくなった寝たきりの体で、父が言ったのです。この言葉にはハッと目を見開かされました。

父を看取るのは、後継者である私の宿命。それは私が生まれる前から決まっていたことです。そして、**父が逝く前に介護をするのは、親子が一体になるために大事なこと**。当たり前で、決して人として忘れてはならないことを、寝たきりになっても、父は思い出させてくれたのです。すごい父でした。

この言葉が、私の意識を変えました。そして、どんなに疲れていても、魂を込めて介護ができるようになりました。

また、次男と四男の弟たちが交代で介護を受け持ってくれたことも、おおいに助かりました。

父の泣き顔を初めて見たのもこの時期です。母が亡くなったときでさえ、人前で涙を流さなかった父が、初めて私たちの前で泣いたのです。

「よく看てくれた。ありがとう」

私たち一人ひとりの手を握り、泣きながらお礼を言ってくれました。


思い返せば、私は父から褒められたことがほとんどありません。

どんなに家の手伝いをしても、良い成績表を持って帰っても、地元では名の知れた進学校へ合格しても、サッカーの大会でキャプテンとして優勝しても、「すごいな」「えらいな」と言われたことがなかったのです。それでいて父は、親戚や近所の人には、「うちの浩毅はな」と私の自慢話をよくしていたそうです。

そんな父が、涙ながらに直接言ってくれたお礼の言葉に、私の心は救われました。

七月一〇日、東京出張中の私のもとへ妻の道世から「お父さんの様子がおかしい」と連絡が入りました。

慌てて福岡へ帰ると、風邪で熱が出て、意識が混濁したとのこと。往診してくれた主治医に注射をしてもらうと、意識が戻りました。

父のもとには、家族が集まっていました。

「良かった。兄貴も帰ってきたし、もう大丈夫」

そう言って皆が安心して帰路についたのです。

父にご飯を食べさせ、風呂場へ連れていき、お互い裸になってシャワーを浴びました。そして、あの瞬間が来ました。夜七時四〇分、父の体を抱きながら、バスタオルできれいに拭き上げたときです。

「ドーン！」

強い衝撃を受けました。その瞬間、父は私の腕の中で心臓を止めました。

すぐに救急車を呼びました。病院で救命措置をされ、一度は心臓の鼓動が戻ったのです。しかし、意識が戻ることはなく、翌七月一一日の朝、あの世へ旅立っていきました。

あのときの父のぬくもりと重さを、今もこの腕に感じます。

「おまえはまだまだ俺と一体になっとらん」と言った父と、身も心もやっと一体になれた。そう感じることができたのは、父が心停止した瞬間だったのです。

父の院号は「誓《せい》徳《とく》院《いん》釋《しゃく》暁《ぎょう》海《かい》居《こ》士《じ》」です。この院号をいただいたとき、父のイメージにそぐわない印象を受けました。弟や息子たちと感想を述べながら冗談まじりに出てきたのは、「頑《がん》固《こ》院《いん》癪《しゃく》直《ちょく》言《げん》固《こ》持《じ》」。「こっちのほうが、親父にはぴったりだ」と皆で笑いました。それほど頑固で、癇癪持ちで、自分の生き方を正しいと固持する一生でした。

ところが、院号「誓徳院釋暁海居士」を眺めていると、父から私たちへ、最後のメッセージを伝えてきている、と思えてきたのです。

お釈迦様に誓いを立て、現世ではしっかり徳を積み、暁の海に還って、地上に戻ってきた人々のために懸命に働けよ。そんな父の言葉が聞こえてきました。

人の魂は、現世の荒波にもまれ、磨かれ、最後は思いやりに満ちた優しい美しい姿になって、もとの場所に還っていきます。現世とはそのための苦役であり、父の一生は私たちには計り知れないほど厳しいものであったはずです。その歳月が父の魂を格別な優しさと美しさに磨き上げました。

父が私に最後に伝えたかった思い。「**おまえたちも、魂を磨き上げながら生きろよ**」という願いを、父は自らの院号を通して言い残し、旅立っていったのです。

「素直さ」が経営も人生も好転させる

もしも、後継者候補となる子どもが何人かいて、選ぶ基準を一つ教えてほしいと尋ねられたら、私は**「素直さ」と答えます**。

父のスパルタ教育は実に厳しく、周りを恐れさせました。しかし、私はその中に大きな愛情を感じていました。父の言動に、その瞬間「このやろう」と思うことはあっても、そんな思いはパッとすぐに消えました。

この素直で、根に持たない性格は、私をおおいに助けてくれました。

学校では、どんな先生にも好かれました。先生の教えを素直に吸収していくので、成績もどんどん良くなっていきました。

父方と母方の祖父母にも愛されました。それは私が一番孫だったという理由だけではなかったと思います。いつもニコニコして、素直な孫。「目に入れても痛くない」というほど、皆が愛情を注いでくれたことが、私の気質をさらに高めてくれました。

素直さとは、「相手の言いなりになる」ということではありません。**相手の意見**

を聞き、その情報の真の意図を汲み取り、自分の人生に活かせるところを吸収していく能力のことです。この素直さを持てると、人はいっきに進化成長していきます。

反対に、反発や反抗は、一見「自分がある」ことのように見えますが、相手の言動に反応しているに過ぎません。**相手が伝えてくる「こうあるべき」という言葉の中には、自分が進化成長できる大きな気づきがある。**そうだというのに、その贈り物を受け取らず、「余計なお世話!」と突き返しているようなものです。

それでは、進化成長する機会を失うどころか、周りに敵を増やすだけです。

しかし、素直さがあれば、人から愛されます。「一緒に仕事をしたい」「この人についていきたい」と感じてもらえます。人が周りに集まってくれれば、よい仕事にも繋がります。だからこそ、後継者には素直さが何より大事なのです。

父も、私の素直さという資質をよく見抜いていたのだと思います。

一方、次男と三男は、成長とともに父に反抗するようになりました。三男は、前述したように、若くして家を離れ、もう音信不通です。今は、どこで何をしているのかもわかりません。

次男は、私が社長になってから、副社長になりました。四男は専務です。

同族経営の難しさは、能力や資質、仕事の成果にかかわらず、経営陣に家族が連なることにあります。四男は私の相談相手になってくれましたが、次男はそうはなりませんでした。父のスパルタ教育から愛情を素直に受け取れなかったことが、私たちの関係にも強く影響してしまったのだと感じます。

社長に就任してまず頭を痛めたことの一つが、次男、つまり副社長との関係でした。


以前から、私は「おもしろそう」と感じる勉強会には、どんどん参加していました。京セラ創業者である稲盛和夫さんの盛和塾の勉強会にも通っていました。

中小企業の社長を集めての全国大会が、長崎市伊王島のホテルで行われたときのことです。稲盛さんの講演に対する質疑応答の時間が設けられました。私は、このとき、副社長のことを質問しようと決めていました。すると、佐賀県の建設会社の社長が、先に手をサッと挙げました。そして、こんな質問をしたのです。

「長男の私が社長で、弟も経営陣に名を連ねている。しかし、弟がいることで、社内の人間関係がおかしなことになってしまった。どうしたらよいのでしょうか」

それは私がまさに悩んでいることでした。

稲盛さんは、こう答えました。

「私も会社を興したときには、人手が足りないという理由で、鹿児島から弟を呼び寄せました。すると、あなたと同じような問題が起こりました。私は、弟を会社から退かせました。それによって、会社を無事に軌道に乗せることができました」

そして、続けました。

「あなたもね、弟さんを会社から引かせなさい。ただし、一生困らないような待遇を考えてあげなさい」

それから、稲盛さんは、こんな話もしてくれました。

「社長は、役員も含めて社員皆に尊敬される存在でなくてはならない。後継者が子どもだった場合、子どもが親を尊敬することは難しくはないでしょう。しかし、年齢が近くて一緒に育った兄弟で、弟が兄貴を尊敬するなんてことは、人間としてできない。これは当たり前です。だから、そんなことを望んだらダメなんですよ」

この話を聞き、「俺は、弟に尊敬される存在になっていなかった。副社長との関係がうまくいかないのも、このためだった」と深く反省しました。同時に、「無駄なことを望むのはもうやめよう」と次男を退かせることを決めました。

帰宅すると、待ち構えていたかのように父が私に声をかけました。一緒に副社長も呼びました。そして、

「おまえは、副社長から降りろ」

と、次男に引導を渡したのです。心底驚きました。

「副社長を降りれば、一生困らないようにしてやろう」

父が、「経営のカリスマ」である稲盛さんと同じことを言ったのです。このときにも「すごい親父だ」と素直に感動しました。

父は、一歩離れたところから経営を俯瞰して見ていて、このままではよくないことを察していたのです。しかし、兄弟である私から引導を渡せば、禍根が残る。だからこそ、父は全エネルギーを注いで、この一言を次男に告げてくれたのです。

次男も、あのときの父には逆らえず、素直に従いました。そして私は、生活に困らないだけの金額を毎月、次男に払い続け、車も持たせました。

しかし、私が社長職を長男に譲るときには、この兄弟関係まで後継者に受け継がせないよう、それなりの退職金を払って、「これで支払いは最後だ」とけじめをつけました。


同じ親から生まれたとはいえ、兄弟はそれぞれ持っているエネルギーが違えば、

特性も異なります。親は同じように育てたつもりでも、エネルギーが違う以上、決して同じには育ちません。私は、兄弟の中で人一倍強いエネルギーを持っていたため、弟たちもやりにくかっただろうとも思います。

とはいえ、兄弟間で尊敬し合う関係を築くことほど、難しいことはない。同族経営は兄弟関係のギクシャクを会社に持ち込みやすいのです。

ここが同族経営の難しさです。しかし、経営に対する意識やビジョンが異なる人物が経営陣に加わっていると、社員は混乱し、「会社の経営が上向いていく可能性」は限りなく低くなります。社長の求心力が失われ、「誰からも尊敬される存在」になれないからです。これは、経営のカリスマと言われた稲盛さんをもってしても、不可能だったことです。

あれから数十年が経ち、社長を退き、一歩引いて会社を見るようになって、ようやく気づいたことが私にはあります。それは、**私がブラジルから帰国し、後継者に**

戻ることができたのは、弟が結果的に身を引いてくれたおかげだということです。

弟の立場から考えてみると、ある日突然、兄が社長に就任したことは想定外の出来事であり、素直に受け入れがたかったはずです。そんな困難を引き受けてくれた弟には、今更ながら、申し訳なさと感謝の気持ちを抱いています。

事業の品質は「金太郎飴」であれ

私が**理想に掲げる会社のあり方は、社員が健康で明るく和やかな営みを日々過ごしていくこと**です。

毎日の朝礼時に、経営理念や品質方針などとともに、社是「健　明　和」を唱和することにしたのも、一日も早くそうした会社にすると強く考えたからです。

「健　明　和」という社是のおかげで、当社は、父の代から運送会社には珍しく、社内がしっかりと整理整頓されていました。

私が社長になると、明るく朗らかな雰囲気も加わりました。実際、「末永さんが来ると、その場がパッと明るくなる」とよく言われます。私自身も、「最近はどうだ？」「息子はどうしている？」など、社員にはどんどん話しかけていきます。**笑顔で声をかけるというのは、相手に活性化されたエネルギーを送る、ということ**です。会社の環境や雰囲気は、経営者次第でいくらでも変わります。

こうした社内の雰囲気は、社外の人にも必ず伝わります。それが、大口の契約に繋がることもあります。

社名がまだ末永通商だった頃、当社は、ダイエーのスーパーの食品輸送の仕事を請け負っていました。

一九七五年、ダイエーはアメリカのＪ・Ｊローソンからフランチャイズ権を取得し、コンビニエンスストア「ローソン」のチェーン展開を始めることになりました。

ある日、ダイエーの配車を管理する会社の福岡支店長が当社を訪ねてきました。一時間ほどさまざまな話をしたあと、

「末永さん、ローソンの配送の仕事をお願いできますか？」

と、突然言ったのです。

「そんな大切なことを、たかだか一時間話しただけで、決めていいんですか？」

「実はね、御社に入ったときから決めていたんですよ。こんなに整理整頓され、雰囲気の良い運送会社は、見たことがない。ぜひお願いしたい」

と、最高の言葉で大口の仕事を依頼してくれたのです。


ところが、この話に反対したのが、社員たちです。とくに、末っ子の弟は猛反対。コンビニがどれほど便利なものかが社会にほとんど伝わっていなかった時代、二四時間営業、三六五日休みなしという営業の方法だけが知られていました。

「そんな仕事を受けたら、社員の生活はどうなってしまうんだ。絶対にダメだ」

弟は主張しました。それでも私は、こう言って聞かせました。

「コンビニは今後、日本中に広がる。絶対にやったほうがいい。どうか協力してほしい」

この言葉に、弟は迷いながらも、なんとか了承してくれました。弟が賛成に回ったことで社員たちにも賛成派が増え、結果的に約七割が「やりましょう」と答えてくれました。


当初は、三トントラックを一〇台ほど稼働させ、ローソンの業務に当たりました。最初の約二年間は赤字続きでしたが、だんだんと利益が出るようになりました。

ところが、ローソンのほうの状況が変わっていきました。親会社がダイエーから三菱商事へ移ったのです。その後、三菱食品という会社ができ、現在は三菱食品がローソンの配送を管理しています。荷主（貨物の輸送を依頼する側のこと）は変わっても、当社は変わらずローソンの仕事を受注する、ということが起こりました。

長年同じ仕事をしていると、時代が川の流れのように移り変わっていくのを感じます。**流れる時代の中で、その場に満足し足を止めれば、必ず時代に取り残される**ことになります。時代に取り残された会社では、社員の健康で明るく和やかな営みを守ることはできません。だからこそ、**経営者は常に時代を先取りし、新しいことにチャレンジしていくことが大事**なのです。あのとき、「最初は大変だが、がんばってみよう」と新たな分野に飛び込む決断をしたおかげで、今のロジテム九州があります。現在、ローソンの仕事は、当社の売上の六〇パーセントを占めるほど成長しました。

しかし、どんなに時代が変わっても、変えてはいけないものもあります。当社の場合、それは最高の品質を提供し続けることです。たとえるならば「**金太郎飴**」**のように、どこで切っても同じ高い品質が現れることを理想**としています。「金太郎飴のような人」という表現は「個性がない」という意味で使われることがありますが、当社の場合は、常に、どこでも、「金太郎飴」のような最高の品質を提供し続けることが目標です。

当社には、

「究極の安全と最高の品質を提供して、日本一のロジスティクスサービスを行っていく」

という品質方針があります。では、「日本一」とは何か。規模や売上で言ったら、大手運送会社にはかないません。しかし、**中小企業であったとしても、土俵を替えれば日本一になれます**。当社の場合は、「究極の安全と最高の品質」という分野で日本一になったことが実際にあります。

以前、全国のローソンオーナーが配送会社を評価する制度がありました。この制度が始まるとあって、

「日本一を取るぞ！」

と、社員一丸となってがんばりました。結果、三～四年続けて日本一を取得。すると、他の運送会社の社員たちが、品質の勉強をしにやって来るようになりました。社長以下一〇人、泊まりがけで来たこともあります。

また、当社の荷主でもある自動車メーカーにも、九州から北海道までの運送会社を評価する制度がありました。そこでも、私たちは、大手運送会社を抑えて連続して日本一になっています。

「困ったときのロジテム九州」

配送のトラブルで困ったことが起こっても、ロジテム九州に依頼すれば、なんとかしてくれると顧客から言ってもらえることを理想に、「金太郎飴」のような安全品質を築く努力をしています。

では、ロジテム九州が定義する理想のロジスティクスサービスとは、何でしょうか。それは次の通りです。

(1)　**時間厳守**

(2)　**お店のオーダー通りに配送する**

※お店のオーダー通りに商品を仕分けるのも、当社の仕事。中身をしっかり確認し、間違いのないように配送する。

(3)　**身だしなみをきちんとする**

※ドライバーが身だしなみをきちんとしておかないと、お客様からのクレームがお店に入ってしまう。そんなことが起こらないよう、身だしなみには細心の注意を払う。

(4)　**挨拶をする**

※お店のスタッフ、お客様に元気よく挨拶する。

いずれも、人として当たり前のことです。しかし、この当たり前のことを組織全体で、まさに「金太郎飴」のように確実に実行し、継続していくことが、最高の品質を生み出します。

これを実現できるのも、現場で働く社員一人ひとりが懸命に努力しているおかげです。**「当たり前」を疎かにせず、しっかりやり抜く人間性の高い集団になっていることが、当社の理想**です。その人間性の根底にあるのが「健　明　和」という社是なのです。

社員のためには死力を尽くす

時代が変われば、働く人たちの気質も変わってきます。

かつては、当社にも「トラック野郎」と言われる気質を持ったドライバーたちが大勢いました。見た目は荒っぽいけれども、勇敢で義理と人情に厚い。何より、彼らは身体的にも精神的にもタフでした。

休日を取るのは月に一回程度。朝から晩までとにかく働き、大金を稼いでいました。昭和五〇〜六〇年代に、年収七〇〇〇万円を超えていたドライバーも何人かいました。本人の努力と根性でお金を稼いでいた時代があったのです。

現在は、労働基準法により、こうした働き方はできません。規制以上の残業もさせてはいけません。そのぶん、人手が必要です。ドライバーも、品の良い人が増えました。大卒のドライバーも大勢います。女性のドライバーもいます。かつてのようなタフさはないけれども、礼儀正しく、優しく、笑顔で明るく働いてくれています。

時代の変化とともに、人も変わっていくのは自然な流れです。その流れの中で後継者に求められるのは、先代よりも会社を発展させること。日々、**会社のためにがんばってくれている社員たちのために、死力を尽くす**ことです。

ときどき、社員たちに「死ぬ気でやれ」と発破をかける経営者がいますが、これはやってはいけない。**自分の命をかけてがんばるのは経営者の役目**です。**社員たち**

には、健やかに明るく和やかに働いてもらうことが、会社の質を高めるのです。

父の跡を継いだときから、運賃交渉も懸命に行ってきました。すべては社員の賃金アップのためです。交渉に向かうときにはデータをしっかりとそろえて、その資料をもとに、顧客に運賃を上げてもらう交渉をねばり強く行いました。

しかし、こちらからの願いを聞き入れてもらうのは、なかなか大変です。それでも諦めることなく、何度も資料をつくって持参し、根気よく交渉をしていきました。

運送会社が集まり、顧客と運賃について話し合う会議も行われました。私はその場でも運賃アップの必要性を伝えました。

社長が運賃交渉をしなければ、社員の賃金は上がらず、結果的に人手不足に陥ります。人が、労働条件の良い会社に転職するのは当然のことです。**社長が死力を尽くさないと、待っているのは、経営の不安定**さです。

ある会議で、顧客側の担当者が、運賃を下げる方向で話を始めたことがありました。当時、その会社の景気が思わしくなく、上層部からコストを削減するようにと指令を出されていたのだと思います。

「我々としても、コストを何とか削減しなければならない」

この言葉を私はどうしても見過ごせませんでした。

「**あなたたちは、運賃をコストと言う。しかし、我々にとっては大きな収入源であり、社員たちが生きていくための給料です。**コストなどという軽い表現は遠慮していただきたい」

けんか腰にならないよう気をつけながら伝えました。

では、「いかなる相手にも必要なことは言う」という姿勢を貫くと、不利益な状況が生み出されるものでしょうか。私は顧客から仕事を切られたことは、一度もあ

りません。むしろ、会議の席で誰も発言しないと、先方から、
「末永さん、何か意見はありますか?」
と、発言を求められました。**言わなければいけないことは、たとえ相手が大口の顧客であっても言う。結局は、そのほうが双方のためになる**のです。

経営においては、社員たちにいかに安心して働いてもらえるかが大事です。

「どんなことがあっても、会社があなたたちを守る」

常日頃から社長がそう伝え、行動で示していくことで、社員は安心して働き続けることができます。体力と気力があり、認知機能の衰えがなければ、当社では六〇歳を過ぎてもドライバーを続けていいことにしています。なかには、七〇歳過ぎの元気なドライバーもいます。体力・気力・認知力には個人差があるので、一概に年齢で区別するようなことはしません。

ただし、会社の事情で一度だけ、リストラを行ったことがありました。

二〇〇四年、まだ父が存命で、私は、社長業をしながら父の介護を行っていた頃です。トウモロコシからつくる異性化糖や水飴を製造していた会社の仕事を行っていました。

その会社の本社は東京にあったのですが、工場は福岡にありました。我々は、異性化糖をタンクローリーに入れて、清涼飲料水や食品などのメーカーに届けていました。多いときには、タンクローリーを三〇台は使って各地に配送していたのです。

その会社が、ある日突然倒産しました。債権者会議は東京で二～三回行われました。資産はまず銀行が担保で押さえ、次に社員に給与や退職金が支払われます。我々債権者の順番は最後。結局、お金は一銭も返ってきませんでした。一〇〇〇万円以上もの債権が焦げつきました。

タンクローリーも稼働できなくなりました。三〇人ものドライバーを、仕事のない状態でとどめておくことは不可能です。

「リストラはしないと言っていたのに、約束を守れなくて本当に申し訳ない」

と、退職金を上乗せして引いてもらいました。今思い出しても心が痛みます。結局、タンクローリーの処分なども含め、三〇〇〇万〜四〇〇〇万円もの損害が出ました。私が社長をしている間でもっとも大きな損害を出した出来事でした。

経営を行っていると、さまざまなことが起こります。

二〇二四年には、働き方改革関連法により時間外労働の上限が年間九六〇時間に制限され、運送業界の人手不足がますます深刻化しました。しかし、これは長時間労働・低賃金という状況を改善するために必要な措置でもあります。ドライバー離れが進み、物流が滞れば、日本は大変な事態に陥ります。

この困難を業界が発展するための原点としなければなりません。とはいえ、現実は厳しいものです。たとえば、ローソンの配送は、一日三回行っていたところを、一日二回にできないかとテストしている最中です。一回に運ぶ量が多くなる分、今までは一台で一〇店舗回れていたところを、八店舗に減らさなければなりません。

そうすると、やはり人手不足の問題が出てきます。

一方で、今回の法改正では、顧客側にも改善が求められました。その結果、運賃が大幅に引き上げられることになり、おおいに助かりました。感謝です。

これによって、社員の給料アップが可能になりました。**良好な労働条件と職場環境のおかげで、当社には多くのドライバーが集まってきています。**この困難な時代に、多くの人が当社で働きたいと言ってくれることは、経営者としてありがたいことです。

後継者とその妻は一蓮托生

社長と社員は運命共同体です。

一方で、**後継者とその妻も一蓮托生**。後継者という役割を背負った夫婦は、通常の夫婦とは、また違った結びつきがあるように感じます。いわば、**一つの時代を切**

り開いていく戦友のような仲です。

私の母は、癇癪持ちの父を根気よく支え続けました。父が経営者であり、私という後継者を育てるという使命がなかったら、あの父と果たして添い遂げられただろうか。その意味では、母の内面の強さは計り知れません。

私の妻の道世も、経営に口出しはしてきませんでしたが、私によくついてきてくれました。余命宣告された母の看病をし、癇癪持ちの父とうまくつきあい、長男の浩司を見事な後継者へと育て上げてくれました。

その大切さをわかっていながら、生前、うまくいかないことが多いのも、夫婦の難しさではないかと思うのです。


学生時代、私には、いずれ結婚したいと思いながら交際している女性がいました。彼女は良家のお嬢さんでした。その両親は、私が結婚にふさわしい相手か、興信所を使って調べていました。そして、運送会社の次期社長では娘が苦労すると判断し、一方的に別れさせられました。二〜三日前にデートをしたばかりだったのに、大学の卒業式の日に別れの手紙が送られてきたのです。

あまりに突然の出来事でした。私は、慌てて彼女に会いに行きました。父は「奪ってでも、連れて帰ってこい」と応援してくれました。

しかし、彼女に会うことはできませんでした。そして、彼女のお母さんに「諦めてほしい」と説得されたのです。泣く泣く帰路についたあの日。ちょうど、いとこの結婚式の司会と、母方の祖母の葬式と、卒業式と、連日続いたあとの大失恋。あまりに切なくて、「もうどうでもいい」と、ふと線路に飛び込みたい気持ちにもなりました。

一つの縁が切れれば、新たな縁が結ばれるもの。大学時代の親友である如水庵《じょすいあん》（福岡市の老舗和菓子屋）の森恍次郎氏を通して、妻となる道世と出会い、私たちは間もなく結婚しました。森氏が導いてくれたこの出会いが、後継者である長男・

浩司の誕生に多大なる貢献をしてくれたわけです。

道世は大変に頼もしく、心根の強い女性でした。経営者の妻としても、最適な性格の持ち主でした。

「病気さえしなければいいから、好きなようにやりなさい」

とドーンと構えていた妻。何より、日本の反対側にあるブラジルまでついてきてくれました。ただし、道世の両親はブラジル行きに猛反対。当時は、「ブラジルに住む日系人は差別を受け、ひどい生活を送っている」とのイメージがありました。「いつでも帰ってこい」という手紙が、道世のもとにたびたび送られてきました。

道世自身も、牧場での生活が性に合わず、サンパウロで子どもたちと暮らしていました。それでも、ブラジルで暮らしてくれていることに、心から感謝していました。ブラジルでは、長女の奈美子と次男の悠二が誕生しました。道世は、私を三人の親にもしてくれました。

私と彼女は愛情で結びついているというより、まさに戦友。「俺たちって戦友みたいだよね」と言うと「そうね」と答える。そんな夫婦だったのです。

父を看取ったすぐあとのことでした。

「あなたは、好きなところへ行きなさい」

道世が突然言いました。

「離婚はしない。でも、行きたいところへ行きなさい。そのほうがあなたらしい」

と、私に新たな縁ができたことを察して自由にしてくれたのです。

ここでこんな話ができるのは、息子や社員たちがトラック一台を使って引っ越しを手伝い、道世が送り出してくれた、という経緯があるからです。現在は、当人たちより世間が何かと騒ぐことの多い時代ですが、我が家の場合は、妻も子どもたちも社員までもが認めた家出です。私が五九歳のときでした。

その後は、家と別宅を行き来する日々。ただ、母屋には入れてもらえず、私は父が住んだ離れに泊まりました。道世は私が一週間も家にとどまっていると、

「早く、向こうに行きなさい」

と促しました。肝のすわった女性でした。

この一二年間の別居生活のおかげで、私は身の回りのことをすべて自分でできるようになりました。おかげで、一人で生きていくのに不便を感じなくなりました。

再び、道世と夫婦の縁を結び直したきっかけは、二〇一六年の熊本大地震です。あの地震をきっかけに、私は家に戻ることを決め、道世もそれを許してくれました。二人で出雲大社へ旅行もしました。それが、私たち夫婦の最後の旅行になりました。

二〇二〇年、道世が脳腫瘍に倒れました。それまではとても元気で、バトミントンを趣味に、日々楽しそうにしていたのです。ある日、九〇歳を超えて妻に先立たれた叔父さんを心配した道世と私は、東京の八王子まで様子を見にいき、近くのホテルに泊まりました。その夜、なんだか体の感覚がおかしいと訴えました。

帰宅後、福岡の大きな病院の脳神経外科を受診。

検査を受けると、脳にすでにステージ4の腫瘍ができていることがわかったのです。ステージ4とは、すでに全身にがんが拡がっているという意味です。

このままでは命が危ないとのことで、緊急手術を受けました。

術後、彼女の体には麻痺が残り、車椅子の生活になりました。

それからは再び、私は介護生活に入りました。

その頃には長男の浩司に社長職を譲っていたことが幸いしました。道世は、ホームヘルパーに来てもらうのを嫌がり、施設に入るのも抵抗があり、自宅で療養する道を選びました。その介護を一手に担ったのが私です。

月の半分は大学病院に入院していたとはいえ、家にいるときには、食事から入浴までを介護する毎日です。母や父を看取ったときと大きく異なるのは、私も七〇歳を超えていること。まさに老々介護の身となったのです。

「このままでは、末永さんが倒れてしまうよ」

そう心配してくれる人も大勢いました。しかし妻の介護には、苦労をかけ通しだった妻への禊《みそぎ》の意味もあったのです。最後くらいは、きちんと**妻と向き合い、尽くし、感謝とともに送り出したい**。この一念で、全身全霊をかけ、介護しました。

二〇二二年一二月七日、五〇年連れそった妻が、七二歳の誕生日を待たずして旅立ちました。

彼女は、「ありがとう」とはあまり言わない人でした。父も「ありがとう」とめったに言わない人でしたが、道世もそうでした。そういうところも、父と道世は馬が合ったのだと思います。

私が介護をしていても、「ありがとう」とは言わず、厳しいことばかり言う。お風呂に入れているときにも、自由が利かなくなった彼女の体を支えるだけで大変なのに、「やり方が悪い」とすぐに怒りました。

「ありがとうくらい言えよ」

と言っても、その一言がなかなか聞けない。むしろ、

「そういう言葉は、強要するもんじゃない」

と、ピシャリ。

「ありがとう」と、その一言でいいのにと、何度思ったことでしょうか。彼女の「ありがとう」が聞けたときには、それだけで幸せな気分になりました。

「ありがとう」の言葉をもらうのは難しい。懸命に介護をしたところで、満足してもらえなければ言ってもらえない言葉です。**だからこそ、貴重で大切な言葉なのだ**とも思います。


しかし、今振り返ってみると、私にとって道世以上の妻がいただろうかと気づきます。

道世は、先代である私の頑固親父をずっと支え、面倒を見続けてくれました。癇癪持ちの父も、道世のことは心の底から認めているとわかりました。それは、道世

が父を先代として徹底的に立てて、尊敬していることを言葉だけではなく態度でも子どもたちに伝え続けてくれていたからです。

また、お墓参りや法事、私の両親の誕生日祝い、盆暮れの行事、親戚づき合いなど、家のことすべてをきちんと行ってくれていました。

「内助の功」

こう言うと、今日の男女平等の観点からすると、時代錯誤だという人もいるかもしれません。しかし、現在のロジテム九州の発展があるのは、彼女の内助の功によるところが大きい。おかげで私は社業に専念できました。そして、長男の浩司に三代目を受け継ぐことができたのです。

後継者とその妻は一蓮托生。妻が先代を徹底的に立てて尊敬し、子どもたちにもそれを伝えてくれていたからこそ、**末永家は道世の壮大な意識の世界の中で、父と子、祖父母と孫、子ども同士、親戚、そして社員たちがそれぞれに意識の交流を保ち続ける**ことができたのです。

後継者問題が起こることなく、スムーズに代替わりしてこられたのは、間違いなく彼女のおかげです。

今、この文章を書いていて気づくことは、**後継者問題のカギを握っているのは、「後継者の妻」**だということです。

だからこそ、後継者は妻に、この世で最も貴重で大切な言葉である「ありがとう」を伝え続けねばならないのです。

私にとって三回目の喪主となった、道世の告別式。

「最後に遺影に向かって、皆さんでご唱和ください」

挨拶の最後に、私は参列者にそうお願いしました。皆さん、大きな声で私の思いを届けてくれました。

「道世、ありがとう！」

「この世」と「あの世」の間には「その世」がある

現在の私の日常は、朝四時に始まります。起床後、すぐにお風呂に入って体を清め、ストレッチをし、身支度をきれいに整えてから仏壇の前に座ります。

そして、般若心経を読み上げ、三〇年間続けてきた「バイオエネルギー理論」のトレーニングを行います。これについては、第三章で話しますが、潜在意識を使って宇宙のエネルギーを取り込むことで、不可能も可能にしていくというトレーニング法です。

その後、手帳に記した人生の目標を読み上げます。その一文にこんな言葉があります。

「八〇歳で宇宙意識、九〇歳で神意識、一〇〇歳で統一意識に到達し、一一一歳で創業一〇〇周年を見届けて大往生しました」

ここが私の人生の到達点と決めています。

宇宙意識とは、自分の脳が宇宙と繋がること。宇宙には、ゼロポイントフィールドがあるとされています。ゼロポイントフィールドとは量子力学の仮説です。

宇宙には、量子空間の中に存在する場があり、そこには宇宙のすべての出来事や情報が記録されています。わかりやすく言うと、**過去、現在、未来までの記憶が集まっている場がゼロポイントフィールド**。このゼロポイントフィールドに、今多くの科学者が注目しています。


次に、神意識とは、顕在意識や潜在意識、超意識、宇宙意識などを超越した意識のこと。自分を愛し、すべての人を愛する力を持たせてくれます。

そして、最終的に到達するのは、統一意識です。これはあらゆる考えや、組織を一つにまとめていく意識のこと。その最終形が世界平和です。

この**宇宙意識、神意識、統一意識へと順々に到達し、大往生を迎えたならば、迷**

いのない美しい魂であの世へと旅立っていける。これが朝の修行の目的の一つです。

もう一つ、大切な目的があります。それは、**社員全員に私のエネルギーを送ることです**。宇宙エネルギーを我が身に蓄積し、それを増幅させ、活性化されたエネルギーを、すべての社員へ送ることをイメージしながら、朝の修行を行っています。

「俺が毎朝、おまえたちにエネルギーを送っているのがわかるか？」

と社員たちに尋ねると、

「ああ、わかります！　そんな気がします」

と答えてくれる。愛すべき社員たちです。

現在は、すっかり元気を取り戻した私ですが、道世の死後は、彼女にしてあげられなかったことや、ダメな亭主だったという懺悔、「次は俺の番じゃないのか」など、そんなことばかり考えていました。

しかも、朝の修行の最中、道世のエネルギーを感じるのです。成仏できずに、家の中をうろうろと彷徨《さまよ》っていることがわかりました。

子どもたちに聞いてみると、

「お母さん、うちにもときどき来るよ」

と答えます。やはり道世の存在を感じるそうなのです。

私は知人にこの話をしました。すると、こんな話をしてくれました。

「私たちが今いるのは『この世』。亡くなった人の魂が昇っていくのが『あの世』。この世とあの世の間には、『その世』があるんですよ」

人は死ぬと「この世」から「あの世」に行くと認識されています。ところが「この世」から「あの世」にスーッと大往生する人はなかなかいないそうです。ある程度の時間を経て「あの世」に向かうのです。

そして、「あの世」と「この世」の間にあり、魂がしばらくお邪魔する場所が「その世」です。

私も「その世」という表現はそれまで知りませんでした。しかし、道世の魂がうろうろしているのは感じていましたから、「その世」という言葉には、心から納得しました。

人の魂は、「この世」から「その世」を経て「あの世」に昇天するのです。

では「その世」に滞在する時間はどのくらいあるのでしょうか。

スーッと「あの世」へ速やかに逝く魂もあれば時間がかかる場合もある。その時間とは、「この世」との関わり具合やその人の生き様、家族や知人との関係など、さまざまな要素で違ってくるのではないかと考えられています。

とはいえ、道世の魂をいつまでも「その世」にとどまらせているわけにもいきません。

一周忌の朝、私はとくに念入りにお経を上げました。そして、

「いつまでここにとどまっている。たいがいにして、あの世へ逝け！」

と喝を入れました。すると、スーッと魂が天上界へ向かっていくのを感じたので

す。道世はようやくあの世へ旅立っていきました。

なぜ、道世は魂になってから一年間も、私の側にいてくれたのか。潔い性格でしたから、この世に未練があったわけではないと思います。戦友である私を一人残して逝くのが心配だったのではないでしょうか。

その気持ちには応えなければいけない。道世がこの世にいたときのことばかり思っていても、先には進めません。

道世があの世へ逝った日に私の気持ちも切り替わりました。

私には、一一一歳で大往生、そしてロジテム九州を一〇〇〇年続く企業に育て上げるための種まきをする、という目標があります。私が「あの世」へ逝くのはそれからです。

あと少しで私も八〇歳です。宇宙意識へ到達しつつあることを日々感じています。

それに一役買ってくれているのが、道世です。

道世が現世と宇宙を繋ぐ、中継地点となってくれているのです。

朝の修行をしながら、「昨日はこんな人に会ったよ」「今日はこんなことをする」と道世を通じて宇宙に報告する。そして宇宙エネルギーを、道世を通して全身に受け取っている。そんなふうにイメージしながら般若心経を読み上げ、バイオエネルギー理論のトレーニングを行っていると、宇宙との距離が近くなり、脳がますます冴えわたってきます。

一蓮托生の夫婦は、どちらかがあの世へ逝っても、宇宙意識でつながることができる。戦友として生きてきたからこそ得られた強い絆なのです。

第二章 後継者をいかに選び、育てるか

二代目から三代目へバトンタッチした日の一コマ。

後継者には「祖父の背中」を見せよ

私の後継者は、長男の浩司です。

浩司は一九七四年に福岡で生まれ、五歳までブラジルで暮らしました。その後、日本の教育を受けさせるため、私の両親が日本に連れて帰り、育ててくれました。私と妻の道世、長女の奈美子、次男の悠二が帰国したのは、浩司が小学六年生のときです。

ですから浩司は、小学校時代を私の両親に育てられたことになります。父は、浩司に対しても、私と同じようなスパルタ教育を施しました。雨の日も雪の日も、朝はランニングしてから学校へ行かされ、熱が出ても休むことが許されず、間違ったことをすれば鉄拳が飛んできました。

幼い頃は野菜嫌いの子が多いものですが、浩司の場合は、好き嫌いを聞いてもらえることはなく、食べなければ無理やり口に突っ込まれました。ミキサーでつくった野菜ジュースを「まずいなぁ」と思いながらも毎日飲んでいたそうです。

おかげで、浩司も病気をほとんどしない体に育ちました。コロナ禍では一度は感染しましたが、すぐに回復しました。私と同じく、「免疫力が人一倍強い」と自負しているのは、父のあの教育を受けて育った成果です。


勉強もがんばっていました。父が本屋で買ってきた国数理社のドリルを、宿題に加えてやらなければ、遊びに行くことも、テレビを見ることも許されません。

学校に行けば、友たちは昨晩のテレビ番組の話をして、みんなで盛り上がっていた時代。話題についていくためにもテレビ番組を見逃してはなるまいと、毎日、大量の課題をスピーディに終わらせた経験は、今にしてみると、彼の情報処理能力を高めてくれたように感じます。

そんなふうに、「これが正しい」と思い込んだことを、孫にも実践させた父。父に育てられ、浩司は自らの意識に「俺が後継者なんだ」と刷り込んでいきました。

浩司も、私と同じく、父に反抗をしませんでした。この本を書くに当たり、理由を尋ねました。すると、こう答えました。

「**俺にやらせる以上のことを、祖父自身が実践していた**から」

父は九一歳で亡くなる直前まで、朝夕ともに体操を欠かさず行っていました。日記も、毎日書き続けていました。そうした鍛錬を継続する姿を幼い頃から見ていたことが、彼の心に素直さを芽生えさせました。

そして何より、祖父の愛情を、浩司自身も素直に受け取っていたのだと思います。スパルタ教育を、祖父が誰のためにしているのかを理解していました。直接、祖父から褒められることはなくても、親戚や周りの人たちから、

「じいちゃんは、浩司の話ばかりしよる。どんだけかわいいのかね」

と言われていたことも、彼の心をより素直にしたはずです。

ただ、父と私の親子の関係を、私と浩司の間で築けるか、といえば、それは難し

いのかもしれません。お互いに持っているエネルギーがまったく違うこともありますが、幼い頃に親子で別々に暮らしたことが、彼のトラウマになっているのではないかと感じることがあります。

小学校の夏休みに、ブラジルまで遊びに来た浩司に、「おまえほど地球を一周した回数が多い小学生は、世界中探してもおらんぞ」と自慢して聞かせていました。ですが、やはり寂しい思いをさせているのではないか、と感じることが少なくありませんでした。

ただ、親子関係にもどかしさを感じるのは、私たちだけではないと思います。むしろ、多くの親子に共通することではないでしょうか。

とくに、会社を経営している一家の場合、その関係が職場に持ち込まれることも多々あります。会社経営がなければ見過ごせるわだかまりも、職場では「なぜ報告、連絡、相談をもっときちんとやらないのか」などという業務上の問題として表面化することがあります。こうした**コミュニケーション不足は、親子が一体化していないことで生じてきます**。

一方、祖父と孫の関係は、父と子の関係とは異なる特別なものがあります。そこには、不思議と深い尊敬の念が宿ります。父の背中は、距離が近すぎて伝わりにくいことがありますが、祖父の背中には、孫が素直に敬意を抱くのです。

浩司もまた、裸一貫で運送会社を築き上げた祖父の背中に、大きな尊敬の思いを持ち続けていました。このことは、会社を継承するうえで非常に重要です。**祖父から父、そして父から子へと会社のバトンを渡し続けるには、父の背中だけでなく、祖父の背中もまた大切**なものなのです。

自分の生き様を孫に見せることは、祖父となった者の重要な役割の一つです。その背中から伝わる教えは、次の世代にとってかけがえのない財産となります。

後継者教育には高い授業料がかかる

高校にはトップクラスの成績で入学した浩司でしたが、その後の三年間は、まるで勉強をしなくなりました。

ロックバンドを結成し、のめり込んでいることは知っていました。しかし、麻雀にもはまっていることには、あとで気づきました。高校三年生のとき、担任の教師に、

「このままでは、卒業できませんよ」

と、親子で呼び出されて叱られました。大学受験も失敗。

「おまえな、このまま日本にいてもどうにもならんから、アメリカへ行け」

そう言ってボストンへ送り出したのです。

といっても、まずは英語ができなければ話にならない。語学学校で半年間猛勉強させ、短期大学に入学させました。そこからは本人が一生懸命に努力し、最終的に

ボストン大学に入り、卒業してくれました。

後継者には、学ぶ環境にこだわらせる。これは、親として大事な事業です。理由は、**環境が人を育て、磨き上げる**ということが一点。

もう一点は、経営者の経歴が、会社の経営に影響することがあるからです。ロジテム九州では、二〇二三年一一月にＡｍａｚｏｎ公式配送パートナーに認定され、Ａｍａｚｏｎ公式車両を運用する日本初の企業になりました。多くの候補の中から当社が選ばれた理由の一つは、当社の経営方針とともに、社長である浩司がボストン大学出身であることも大きかったのではないかと考えられます。

今、日本では社会が学歴を問わない方向に進んでいますが、それでも現実には学歴社会の部分が根強くあります。とくに経営者は学歴で見られてしまうことが多い。だからこそ、学歴はポイントにもなります。ただし、高学歴と言われる大学に進学させるには、それなりの教育費がかかることも多々あります。それを支援することが、後継者を育てる親の使命です。

子どもは親を選んで生まれてきています。「この親ならば、自分を立派に育ててくれる」と信じて選んでくれています。

その思いに応えるのが、選ばれた者の務めです。親は、自分のほうが子どもより上と思いがちですが、そうではありません。**親は子どもに選ばれた存在。つまり、子どものほうが存在は上**です。そのつもりで、子どものためにできる限りのことをする。そこでかかる費用は、後継者を立派に育て上げるために必要な授業料です。

この授業料とは、学校や生活費にかかるお金だけではありません。学校を卒業しても、教育費は必要です。とくに、後継者を経営者へと育て上げるためには、多くの経験をさせる必要があります。

浩司はボストン大学を卒業後、アメリカにある世界的に有名な経営コンサルタント会社に入社。数年後、日本の支社に転勤となり、帰国しました。そのときの仲間と二人で冠婚葬祭の会社を起業しました。

しかし、事業はなかなか軌道に乗りませんでした。友人と会社を興す人は多いですが、実はこれは非常に難しい。ビジネスに友人関係が入り込むと、責任や役割があいまいになりやすいうえ、財務面でもトラブルが起こりやすいのです。

彼らの会社は赤字が続いていました。そこで二人に話し合わせ、ブライダルと葬儀に事業を切りわけて独立させ、そのために必要な資金を援助しました。

浩司はブライダル事業を行うことになりました。株式会社ライフローラの誕生です。ですが、少子化のこの時代、ブライダル経営は難しく、赤字が積もり、さらなる援助が必要になりました。しかし、最近では大きな事業も手掛けられるようになり、今後が非常に楽しみになってきました。とはいえ、ここにたどり着くまでに、相当額の授業料を払いました。

それでも、本人が「これだ！」と考えた事業を成功させることは、後継者としての資質を磨き上げるために必要です。**後継者は一朝一夕では育たない。経営という**

土俵に上げるまでには、高い授業料が必要です。しかしそれによって次世代が前進するための土台が築かれます。その価値はお金には代えられないのです。

三代目成功の秘訣は「人間性を磨く」こと

浩司が、ロジテム九州を継いだのは二〇一六年です。

父が創業し、三〇年間務めた社長業を私に譲り、私も三〇年かけて品質の向上に心血を注ぎ、事業を安定させてきました。その会社を、六〇周年を機に長男の浩司に譲り渡すことができました。

「無事に後継者にバトンを渡せた」

感無量。あの日の感動は、この一言に尽きました。

さかのぼること二〇〇九年、浩司は、ブライダル事業を経営しながら、ロジテム九州に入社。その後、取締役として経営陣に加わりました。ですから、足かけ七年は社内で働いていました。

私は、会社を譲るとき、父がそうであったように、

「これからは口出しをしないぞ」

と、全面的に経営を任せるつもりでいたのです。

しかし、ことは願うようには進みませんでした。

「売り家と唐様《からよう》で書く三代目」

という言葉があります。私と浩司が過ごした幼少時代はまるで違います。浩司は、会社の業績も向上し、経済的に余裕のある中で成長しました。教育にも多くのお金をかけることもできました。ボストン大学卒で、アメリカの有名コンサルタント会社で仕事をしていたという経歴もあります。

その三代目が、運送業の社員には、どう映ったのか。

「お坊ちゃまが、気取ったことをしている」

一言で言えば、こんなことだったと思います。

私がブラジルで牧場経営を成功させて帰ってきたときには、社員たちもすんなり受け入れてくれました。浩司もブライダルの会社を経営していますが、そのときにはまだ、成功というには程遠い状態。しかも、親から多くの援助を受けていることを皆が知っていました。多くの社員は、その三代目を心から歓迎する気持ちにはなれなかったのだと思います。

そうだというのに、浩司自身にも、社員の気持ちをいかにしてつかむか、という意識が薄かった。経営コンサルタント会社時代に社会人教育を受けたためか、当時は会社をマネジメントするという発想が強かったのです。はっきり言うと、評論家のような視点で会社や社員を見ている感じでした。

人間関係もできていない中で、マネジメントの手法をポンと会社に入れようとしたところで、社員にしてみれば「何をわけのわからないことをやっているんだ」ということになります。

そもそも、後継者としての覚悟や志が感じられなかった。実際、当時の思いを今、振り返ってもらったところ、

「会社をつぶさないこと」

という言葉が常に頭にあったと言います。

祖父から薫陶《くんとう》を受けて育ち、社長になることが幼少期からの一つの目標でした。それを達成したら、あとは何をしたらいいのか、目標を見失ったのかもしれません。ただ、頭にあったのは「ボストン大学出身という肩書があるのに、会社をつぶしてしまったら、恰好が悪い」という思い。それが、「会社をつぶさなければいい」という後ろ向きの気持ちを生みました。

この心持ちで何かを言っても、社員に思いが通じるはずがありません。

そこで、浩司はどうしたのか。すでにロジテム九州で働いていた弟の悠二やいとこの功太を〝通訳〟のようにして、社員と会話をするようになりました。

一方で、彼が精を出したのは、会食やゴルフなど取引先と良好な関係を築くためのつき合いです。社員にしてみれば、「三代目は何をしよるんや」という思いだったはずです。

この時期、離職率が急激に上がりました。もともと運送業は離職率の高い業界ですが、それでも、六〇パーセントにも跳ね上がったのです。退職届が毎日、社長室に届けられ、「またか」とため息をつきながら、浩司は印鑑を押す。社員の気持ちがすっかり離れてしまった結果でした。

「浩司、気づいているか。おまえは裸の王様ぞ」

私は、浩司に言いました。この言葉は、息子にかなりのショックを与えました。以前から、「社長職を譲り、会長職に引いたら、口出しをすまい」。そう考えていました。

しかしそれは、親の理想かもしれません。理想を貫けるかどうかは、後継者の状況次第。そして、先代が口出しを一切しないことが、本当に会社や社員のためになるかどうかも見極める必要があります。

自分が先代にしてもらったことが、そのまま後継者にとっても良いとは限らない。

これは、後継者に跡を譲るときに気をつけなければいけないことでした。


浩司の意識を変えたのは、私の言葉の他にもう一つあります。

当社には、労働組合があります。社員の代表とも言える労働組合の委員長は、私の代から務めてくれていた人物でした。その委員長がある日、辞表を提出したのです。これには浩司自身も慌て、必死に引きとめました。しかし、委員長は辞表を引っ込めません。

「俺たちは、あんたの親父、会長についてきたばってん。あんたにはついていけん」

その言葉からは、「あんたは何を考えているかわからん。偉そうにしやがって」という思いが伝わってきました。

実際、浩司は社長になったとたん、ＢＭＷに乗り、パリッと立派なスーツを着て通勤するようになりました。社長になったのだから、それが当然という思い。まさにアメリカで仕込まれた考え方です。しかし日本では、人間関係がまるでできていない中でそれをすれば、社員は「偉そうにして」と感じます。いくら先代の息子だとはいえ、「現場も知らん若造が、いきなり偉そうにしやがって」と社員の心が離れていくのは、当然でもありました。

あの経験は、浩司にとって、相当にしんどいものだったはずです。人相が変わってしまうほど、落ち込んでいました。妻の道世や周りの人たちが、

「浩司をしばらく休ませて、あなたが社長に復帰したほうがいい」

と言うほどの変わりようです。しかし、私はその意見を聞かなかった。ここを**乗り越える力を私の後継者は持っていると信じた**からです。それだけのエネルギーは持っている。それがわかっていたからこそ、黙って見守り続けました。

そして、浩司はこの経験を、「運送業」というものに真正面から向き合う気づきの原点としました。

目の前で起こっているトラブルを素直な心でまっすぐに見つめ、自分の意識を改める気づきとできるのか。それによって、その後の人間性はまるで違ってきます。

浩司は真っ先に車を交換しました。ＢＭＷを返品し、古くから取引のある国産自動車メーカーの車に乗り換えました。そして、会社がドライバーに支給している作業服姿でトラックの助手席に積極的に乗り込み、現場の仕事を覚えていきました。

自分が変われば、周りも変わる。

自分が変わらないまま、周りを変えることはできません。しかし、自分が変われば、あとは何を言わなくても、周りは自然と変わっていくものです。

だんだんと周りの社員が浩司を受け入れていきました。浩司も社員と会社のために何ができるのかと真剣に考えていきました。社長としての覚悟と志を持つようになったのです。

ちなみに、件の労働組合の委員長ですが、無事に会社に残ってくれました。今では浩司の良き相談相手になってくれています。

欧米の企業であれば、経営者と労働者ははっきりと区別され、そこに人間関係は求められません。しかし、日本は違います。とくに運送業は、「この社長のためだったらがんばる」と人間関係を重視する風土が根強い。経営テクニックより先に必要なのは、人間性。**三代目が大成するには、人間性をまず磨くこと**です。

そのためには、どうしたらいいのか。「かわいい子には旅をさせよ」と言います。人間性を磨くには、痛い目に遭って、それを自力で乗り越える経験が必要です。失敗をくり返し、痛い目に遭い、それを一つ一つ乗り越えていくことで、覚悟と志が生まれ、自立心が育まれる。**精神的に追い込まれる経験の中でこそ人間性は磨かれ、結果、人望が集まってきます。**ぬるま湯に浸かっている人に魅力は感じません。しかし、激流を必死に泳ぎ切ろうとする姿には感動し、応援したくなるのが人情です。

浩司が社長に就任して八年。今ではすっかり社長らしい社長になり、社員の人望も厚くなってきました。

離職率はその後低下し、現在は約一〇パーセント。ドライバーの成り手が減り、離職率の高い運送業にあって、この数字は極めて低いものです。今では、社長室に退職願を出しにくる人はいなくなっています。

「温故知新」を守り一〇〇〇年続く会社に育てる

温故知新。

これは、私が社員にくり返し伝えてきた言葉です。

故《ふる》きを温《たず》ねて新しきを知る。この言葉は、会社が一〇〇年、一〇〇〇年と続いていくための重要な教えです。

過去の経験や知識を振り返り、それをもとにして新たな洞察や発見を得る。ロジテム九州の場合は、社是「健　明　和」を常に振り返りながら、時代を一歩先取りして新たな事業に挑戦していく。それによって、会社は時代に翻弄されることなく、一〇〇年、一〇〇〇年と継続していくことができます。

そんなことを、二〇二三年の暮れに、私は管理者向けの勉強会で話をしました。

当社は、毎月一回、『想いの道』という社内新聞を発行しています。一九九九年が創刊ですから、もう二五年も続けてきました。

その社内報には、社長と会長である私の原稿が掲載されます。お互いに何を書くかは相談しません。それぞれが、社員に向けて伝えたいことを発信しています。

二〇二四年の正月号のことです。社長と私のテーマが、偶然にも「温故知新」と同じでした。原稿の中身は異なりますが、「温故知新」という表題とテーマは一緒。お互いの思いがシンクロし、一体化する。そんな経験でした。

この現象が、最近はたびたび起こっています。

「今度、こんな新しいことをやってみたらどうだろうか」

と、社長に伝えると、

「それって、俺がここのところずっと考えていて、会長に相談しようと思っていたことだよ」

そんなことが、続いています。社長の意識が私に近づき、お互いの心がシンクロし、まさに一体化してきている。

「ああ、やっとここまできたな」

という手応えを感じています。

そして、私たちにはもう一つ、大切に守ってきた原点があります。

それは**「安全」**と**「品質」**です。これらを究極まで高め、その高さを事業の基盤とするために、当社では一九九九年にＩＳＯ９００１の認証を取得しました。

ＩＳＯ（国際標準化機構）は、国際的な規格を作成する民間の非営利団体で、本部はスイスのジュネーブにあります。グローバル社会では、国や顧客によって製品やサービスに対する考え方が異なります。国際間の取引をスムーズにするためには「規格＝標準」が必要です。ＩＳＯはその規格を策定しています。

もともとＩＳＯは工業製品の国際規格をつくっていましたが、その後、企業の経営や管理の仕組み（マネジメント）についても国際規格をつくりました。ＩＳＯ９００１は品質マネジメントシステムに関する国際規格です。

これは世界でもっとも普及しているマネジメントシステム規格で、一七〇か国以上、一〇〇万以上の組織が利用しています。この規格は、製品やサービスの品質を向上させ、顧客満足度を高めることを目的としています。

つまり、ISO9001の認証を取得しているということは、**当社のサービスの品質が国際基準をクリアしている**ということです。一九九九年に初めてISO9001を取得した際には、申請書の作成に苦労しましたが、この取り組みのおかげでロジテム九州は会社運営の基盤を確立できました。運送業者では全国で五番目の認証でした。

運送会社は、何か特殊な技術を持って事業を行うわけではありません。だからこそ、**会社の発展のためには、物を運ぶという事業を、誰もが真似できない品質まで高めていく必要があります**。そのために、運送会社に何より重要なのは、事業の基本である「安全」と「品質」です。

とはいえ、会社の礎となる「故き」の部分を守りながら、「新しき」の部分にも果敢に挑戦していく、という温故知新は、ときとして経営者を悩ませます。会社の発展にはどちらも必要ですが、中小企業のような規模の小さな会社にとって、どちらも実践することは、取り組むべき課題が多く、人手が取られるからです。

今、ロジテム九州は、組織が急激に拡大しているところです。創業一〇〇周年に向けて新事業が次々に加わり、社員数も大幅に増えてきています。

しかし、急激な発展は、「故き」の部分を犠牲にしやすくします。

大事なことを疎かにした結果は、すぐに表面化します。二〇二二年は事故件数だけを見るとかんばしくない結果になり、安全面の悪化が心配されました。

この点には社長も悩んでいたと思います。


一方、会長職へ引いたあとの私は、妻道世の介護生活が続き、二〇二二年に亡くなってからの一年間は、「何かをやろう」という気力が失われていました。しかし、一周忌の朝、道世の魂があの世に昇っていったと実感できたことで、エネルギーが再び湧き出し、外に目が開かれました。

そんな今の私の志は、一一一歳で創業一〇〇周年を見届けて大往生すること。このまま老いていくわけにはいかないのです。

ここでまた、社長と私の意識がシンクロしました。

私は、もともと自分が始めた安全品質の向上に、再びエネルギーを注ぎ込もうと決意しました。

「ＩＳＯ９００１は、これから俺がやるぞ」

と提案したところ、社長も「それはありがたい」と二つ返事で承諾しました。

社長が得意なところはおおいに手腕を発揮してもらう。手が届かないところ、苦手なところは、先代がサポートする。それが、**会社の基盤となる「故き」の部分であれば、なおのこと先代の力は役に立ちます**。そんな思いで、今は最高の品質と究極の安全を求めて日夜、試行錯誤を重ねています。

温故知新を一人で成し遂げるのは難しくても、会長と社長が互いに力を合わせることで、会社はより力強く未来へと進んでいけるのです。

荷物とともに「幸運」を送る

「ＶＩＳＩＯＮ１００」は、後継者である社長の目標です。創業以来の思いを紡ぎながら、新たな息吹を吹き込んでロジテム九州の温故知新を実現させるために掲げられました。

当社にとって大きな節目となる「創業一〇〇周年」を迎えるためには、「成長・進化・挑戦」を続けていくことが重要です。そのために必要なことが二つあります。

一つ目は「究極の安全」と「最高の品質」を兼ね備えた、日本でもっとも上質なロジスティクスサービスを提供することです。

二つ目は、既存の事業形態にとらわれず、新しい事業を創出し、次世代に新たな「想いの道」を繋げていくことです。

この「ＶＩＳＩＯＮ１００」とともに、新たに定めた経営理念があります。

「幸運を送る」

これこそが、後継者である三代目の覚悟と志を示すものです。

運送とは、「運ぶ」と「送る」という二字から成り立ちます。荷物を運ぶことが、運送の本来の目的。この「運」は、「幸運」の「運」でもあります。荷物とともに、「幸運を送る」。単に荷物を配達するのでなく、物と心の両面の豊かさと幸せをお客様に届ける。この意識を社員が持つと、仕事の仕方がまるで違ってきます。**大切な荷物を手渡すときに、幸運をともに送っていると考えれば、一つ一つの仕事を丁寧かつ明るく笑顔で行う気持ちが生まれます。**

また、お客様に幸運を届けるには、社員自身も幸運でなければなりません。自分が幸運であってこそ、人に幸運を送ることができるのです。

では、社員に幸運を送るのは誰の役割でしょうか。社長をはじめとする経営陣です。**経営陣が社員に幸運を送るには、プラスの声かけをしていくことが必要**です。

プラスの言葉をかけることで、お互いの潜在意識の世界が動き、プラスの出来事（幸運）がどんどん引き寄せられます。

社長になったばかりの頃、「おまえにはついていけん」と社員から言われた三代目。しかし今、そんな姿はまるでなく、社員との距離がとても近くなっています。

先日も、社長が現場へ行った際、あるドライバーに、

「もう大丈夫か？　落ち込んでいないか？」

と声をかけました。そのドライバーは前日にトラブルに遭ったと、社長の耳に届いていたからです。

「社長、早っ！　なんで知っているんですか？」

「当たり前だよ。あなたたちのことは、なんでもわかるんだよ」

こんな会話を笑顔でしたそうです。

これは、現場の管理者から社長へリアルタイムで情報が伝わる仕組みがつくられ

ている結果ですが、この仕組みがしっかり稼働しているのは、社長と現場との信頼関係ができているからです。

現在は、インターンで学生を受け入れていますが、最終レポートに、

「社長と現場との距離が近い」

「現場の声が社長にすぐ届く」

というコメントがたびたび書かれているそうです。

社内を幸運で満たしていくには、社長と社員、そして社員どうしが明るく楽しく和やかにコミュニケーションを図ることも大事です。

そのための一つのツールとして今、当社が活用しているのが「TUNAG」(ツナグ)というアプリです。このアプリを社員のスマートフォンにインストールしてもらい、全社員の情報交換の場としています。

こうした新たな取り組みを導入すると、必ずと言っていいほど、

「なんで、そんな面倒なことをしなければならないんだ」

と不平不満が出てきます。浩司が社長になったばかりの頃は、何かを始めようとすると、八割の社員が反対していました。その割合は現在、二割まで減っています。満場一致とまではいきませんが、「TUNAG」を導入するときにも、八割が賛成してくれました。

そして、蓋を開けてみると、社員たちが「TUNAG」での交流を楽しみ始めました。

「今日のランチはこれを食べました」と写真を掲載したり、「うちの営業所にはこんな人が働いています」「うちの荷主さんは、こんな会社です」と各営業所が情報をアップしたり。見ているとおもしろく、私も慣れないながら、「いいね」のスタンプを押しています。また、月に二回は、社員に向けて発信しています。

プラスの情報交換はプラスのエネルギーを生み、社内を幸運で満たします。その社内にあふれる幸運を、ドライバーは荷物とともにお客さんへ届けているのです。

後継者候補には「おまえが社長だぞ」と笑顔で伝え続ける

一代目が興し、二代目が事業を安定させ、三代目が拡大させていく。

ロジテム九州は、紆《う》余《よ》曲折《きょくせつ》ありながらも、次世代にバトンを無事に繋ぐことができました。

創業一〇〇周年を迎えるには、四代目をどうするか、という問題もそろそろ見据えていく時期に来ています。

父が三代目に後継者教育をしてくれたように、四代目にその種をまくのは、私の大切な役割です。**社長の働く背中を見せながら、経営のおもしろさや社長という仕事の誇りを語って聞かせられるのは、命をかけて会社を守ってきた会長だからこそできること**です。

とはいえ、浩司の子どもは二人とも女の子でまだ幼い。一方、娘の奈美子の子どもは二人とも男の子で、中学生と小学校高学年です。後継者としての種まきをしていくには、良い時期です。

ダイバーシティが進んでいる現代の社会では、男女の区別は少なくなってきていますが、運送業はまだまだ男社会です。末永家もこれまで長子継承が続いてきましたが、四代目は長子が自動的に会社を継ぐのは難しい状況にあります。それゆえに、社長と十分に相談しながら、**後継者候補である孫たちに「会社を継ぐ」という意識をしっかり植えつけていくことが必要**です。これが事業を一〇〇年、一〇〇〇年と続けていく礎になるのです。

では、候補となる孫が多い場合、誰が後継者となる宿命を持って生まれてきているのか、どのように見極めるとよいでしょうか。

家には、「徳」を受け継ぐ者が必ずいます。つまり、**後継者になるべくして生まれてくる子がいる**のです。ここを見抜くことです。その子は、自ら後継者になることを決めて誕生してきています。

その子には、次のような特性があります。

頭が良く、運が良い。心身ともに健康で、素直。言動が前向きで、人に好かれ、笑顔が多い。「ありがとう」という感謝の気持ちを伝えることができる。こんな特性が成長とともに表れてきます。

なぜ、これほど恵まれた特性を持っているのでしょうか。

それは、先祖が家を守るために「この子に継がせよう」と多くのご加護を与えているからです。私はそう考えています。

私も霊能者に「こんなにたくさんのご先祖様に守られている人は見たことがない」と言われました。そんなふうに後継者となる孫にも「ご先祖様に守られている」と信じさせてあげることが大事です。そのためには、

「おまえは大勢のご先祖様のご加護を受けているから、こんなに頭が良いんだよ」と言ってあげればいいのです。それだけで、孫は自分の存在を特別に感じ、「後継者」という言葉を意識し始めます。

「おまえが後継者ぞ」と伝える時期も大事です。

「後継者」を意識させるために最適な時期は、お父さん、おじいちゃん、あるいは社長であるおじさんを「好き」「かっこいい」と素直に感じられる年頃。すなわち、反抗期が来るまでが一つの区切りです。その頃までに**「おまえが次の社長だよ」とくり返し言い続ける**ことです。

反抗期に入ってしまうと、「親の言いなりにはなりたくない」との思いが強くなり、「後継者」との言葉が素直に入っていかなくなることが多くなります。

絶対にやってはいけないのは、

「おまえに能力があるならば、社長をやらせてやる」

という言い方。こういう言い方は、「自分は認められていない」という思いを相手に植えつけます。

そうではなく、尊敬の念を込めて笑顔で「社長」と呼んであげることが大事なのです。

「おじいちゃんは、どうして僕を社長って呼ぶの？」

そんなふうに聞かれたら、「おまえが次の社長だからだよ」とストレートに答えてあげればいい。もしも、候補となる孫が何人かいるならば、「会長」「社長」と呼びわければいいだけです。おじいちゃんにそんなふうに笑顔で呼ばれたら、くすぐったそうに笑うはずです。そんなやりとりが、孫に「自分は社長になるんだ」という意識を植えつけていきます。

とはいえ、後継者になるのは一人だけです。しかし、社長には何人でもなれます。本人にその気があれば、後継者でなくても、会社を興すことはできます。そのときには、おじいちゃんが支援をしてあげればいいのです。

なお、子どもが幼いうちは、経営など難しい話は必要ありません。それよりも、将来、**社長になったらどんなに良いことがあるのか、夢を持たせてあげる**ことです。

私は孫たちを湯布院にある別荘に連れていきます。その別荘は、天然温泉が湧きます。温泉に一緒に入り、「おまえは、会長」「おまえは、社長」と話をします。

先日、温泉に浸かりながら孫たちがこんなことを言いました。

「俺たち、おじいちゃんの孫で幸せ」

「嬉しいことを言ってくれるな。なんでや？」

「だって、温泉つきの別荘を持っている友達なんて、俺たち以外にいないもん」

「そうか。おまえたちが会長と社長になったら、もっと立派な別荘だって建てられるぞ」

「ほんと？　じゃあ、社長、やろうかな」

そんな**たわいもない会話から、子どもは経営者という仕事に夢を抱いていきます。**

これこそが、後継者教育です。よく英才教育と言って、幼いうちから英語や経営学を子どもに身につけさせようとする人がいます。ですが、それよりまず**大事なのは、夢を持たせること。夢（＝志）があるから、学ぶことの大切さやおもしろさが**

子どもにははっきりと見えてくるのです。

子どもは親を選んで生まれてくる

「子どもが幼いうちに後継者として決めてしまうのは、親のエゴではないか」という意見があります。確かに、誰にでも職業を選ぶ自由があり、子どもには自分の人生を選ぶ権利があります。そのため、子ども自身に選ばせるべきだという人もいます。

しかし、果たしてそれは本当に正しいのでしょうか。

後継者の役目は、会社を継いで発展させることです。事業を引き継ぐことが目的ではありません。事業は時代に合わせて変化させていくものです。むしろ、変化させていかなければ、時代に取り残されてしまいます。

当社も、運送業が主な事業ですが、父の代、私の代、現社長の代と、事業内容や取引先は大きく変わりました。

会社は創業するときがとくに大変なのです。しっかりとした土台をつくり、信用を一から築いていかなければいけないからです。後継者は、この土台と信用、そして一緒に働いてくれる社員たちを丸ごと受け継ぐことができます。そのうえで時代の流れを読みつつ、本業を活かしながら自分がやりたい事業を始めることができます。**これほどおもしろく、自由な生き方があるでしょうか。**

今ある大企業も、みんなそうやって後継者が会社を発展させてきました。

たとえば、自動車メーカーのトヨタは、最初は織物の会社でした。タイヤメーカーのブリヂストンは、もとは足袋屋でしたが、今ではスポーツ用品や自転車にまで事業を拡大しています。カネボウも、もとは繊維会社でしたが、現在は化粧品の大手メーカーになっています。

現在、日本では中小企業の六割以上が後継者不在という状況に陥っています。**原**

因は、後継者という役割に、親が夢も志も持たせてあげられていないからです。大変さ、苦しさばかりを背中で見せてしまっているのです。そんな家業に子どもが夢を抱けるはずがありません。

それどころか「後継者になんてなりたくない」「どうして、こんな家に生まれてしまったのか」と思い続けさせることになります。そうなると、子どもは不幸です。自らの宿命を受け入れず、マイナスの感情を抱いたままでは、人生を自由に生きることはできないからです。

先代が「この子に継いでほしい」と見極めた子。その子は、あなたという水源を選んでこの世に誕生してきています。そうだとするならば、その子が**宿命を素直に受け入れられるよう、仕事のやりがいを背中で見せ、言葉でも「こんなにおもしろくて、素晴らしい仕事はないぞ」と語って夢を抱かせ、「おまえが後継者ぞ」と伝え続ける**ことです。

そうすれば、子どもは後継者になる道を素直に受け入れるはずです。くり返しますが、その子はこの世に来る前に、「この親の跡を継ぐ」と自ら決めて誕生してきています。だからこそ、親や祖父は、子どもや孫に、

「おまえが後継者ぞ」

と、幼い頃から言い続けることに、引け目を感じる必要はありません。むしろ、どんどん言ったほうがいい。後継者という役割に夢を抱かせ、「大人になったら跡を継ぐ」という意識を持たせることが、会社を譲る立場にいる者の役目です。後継者として生まれてきた子は、**後継者という宿命を受け入れることで、自分の運命を自由に選択しながら前進できる**のです。

一方で、誰か一人を後継者に決めてしまうと、そうでない子どもとの対応の差をどうしたらよいのか、と心配する人がいます。

大切なのは、すべての子が、**自らの人生に夢と志を持てるよう、仕事と人生の素**

晴らしさを伝えることです。同時に、自らの宿命を受け入れるよう伝えることも重要。人生の水源を自覚して初めて、人は自らの人生を自由に楽しんで生きることができると話してあげてください。

私の次男の悠二は、現在、社長である兄の片腕として働く、という道を自ら選択して生きています。

悠二も波乱万丈の人生を歩んできました。彼は一九七九年九月七日にブラジルで誕生しました。この日はブラジルの独立記念日。ブラジルの独立宣言をしたドン・ペドロにちなんで「ペドロ」というブラジル名をつけました。

悠二は妊娠九か月の早産で、誕生時は体重が約二キロしかありませんでした。すぐに保育器に入れられ、一か月間もその中で過ごしました。妻の道世は母乳をスポイトで飲ませ続けました。

ちなみに、私もブラジル国籍を取得し、「エルネスト」というブラジル名を持っています。外国人はブラジルの土地を買えないためです。エルネストとは、当時の大統領の名前です。

悠二はブラジルで生まれ育ち、家族とともに帰国しました。そして中学卒業後、再び単身でブラジルへ渡りました。サッカー留学をしたのです。

しかし、プロサッカー選手になる道は厳しく、三年後に帰国しました。

本当は、私は彼に、そのままブラジルに残って牧場を継いでほしかったのです。その頃はまだ、牧場を手放してはいませんでした。

牧場には約二〇〇〇頭のメス牛がいて、毎年一五〇〇～一六〇〇頭の子牛が生まれていました。牛を二～三年育てて出荷すると、一頭が日本円で約五万円になります。そのため、年間七五〇〇万～八〇〇〇万円の収入がありました。そこから経費が差し引かれるとはいえ、当時のブラジルでは大富豪の収入です。

「悠々自適に暮らせるぞ。ブラジルの牧場を継いだらどうだ」

そう何度か言いました。しかし、悠二は「日本に帰る」と決断しました。彼はブ

Amazonから支給されているARMADA（アルマダ）という配送車。

ラジルで大富豪になるより、日本で生きる道を選びました。それもまた、彼が決めた運命です。

人生の流れは本当におもしろいと感じます。現在、悠二はＡｍａｚｏｎ宅配事業を担当しています。ブラジル独立記念日に生まれ、「ペドロ」という名前を持つ彼が、アマゾン川の名前を冠した仕事を担当していることは、まさに運命です。

福岡にはＡｍａｚｏｎの大きな物流センターがあります。私たちの会社、ロジテム九州は、九州の地場企業として初の

Ａｍａｚｏｎ公式配送パートナーに選ばれました。多くの運送業者の中から選ばれたのは、私たちの経営方針が認められたからです。これには社長の尽力がありました。一方で、ブラジルとの深い縁も感じずにはいられません。

公式配送パートナーに選ばれたことで、Ａｍａｚｏｎからは紺色のＡｍａｚｏｎ公式車両一〇台、軽貨物車両一五台、合計二五台が支給されました。私たちのドライバーが、今、その車でお客様に荷物と幸運を届けています。悠二がブラジルに渡ったときには予想もしなかった縁です。

あとから考えると、すべての出来事は繫がっていることに気づきます。運命とは、自分次第で成るべくして成るものです。私たちは、その流れに素直になり、後継者となる子にはその流れへと導き、そうでない子には本人が人生の選択をしっかりしていけるよう応援してあげればいいのだと思います。

採用の決め手は「運を自分で決めているかどうか」

現在、日本は深刻な人手不足という大きな問題に直面しています。

この問題は、これからの会社運営を左右する課題になっていきます。

運送業界も、ドライバー不足が深刻な状態です。自動車免許すら取得しようとしない今の若い人たちが、わざわざ中型や大型、ましてやトレーラーの免許まで取得してトラック運転手という職業を選択してくれるだろうか。そんな心配が尽きないときもありました。

しかし現在、ロジテム九州には、多くの人財が集まってきています。ドライバーの数も順調に増え、一年で約五〇人が増えました。

最近では、女性のドライバーも多くなりました。外国籍のドライバーもいます。新卒採用も増えています。

毎年、福岡ドーム（みずほＰａｙＰａｙドーム福岡）では二日間、新卒生を対象とした合同説明会と就活セミナーが行われています。私の社長時代、採用活動はハローワークを使う程度でしたが、現社長は、こうしたイベントを上手に活用しています。論理的かつスマートに語りかける様子は、新しい運送会社の姿を感じさせます。今年は当社のブースに約二二〇人もの学生が集まってくれたそうです。

社長ならではの進歩的なやり方を見ていると、当社が新たなステージに入ったことを実感します。

会社には新陳代謝が必要です。**長く勤めている人財を大切にしながら、新しい風を入れていく。**多くの中小企業は高齢化が進んでいますが、若い世代を迎え入れないと、現代の考え方に対応できなくなっていきます。

とくに今の若い世代は、ＩＴの能力が非常に高い。幼い頃からインターネットやデジタル技術に触れて育ってきたため、ＩＴツールの使い方に慣れています。

もともと携帯電話は、乗用車に設置された電話から始まりました。当時は車に搭載されていて、持ち運べるものではなく、非常に高価。使用する人は一部の富裕層に限られていました。そこから現在のスマートフォンになるまで、たかだか数十年です。そうだというのに、進化のスピードはますます加速しています。

年配の私たちにはついていくことが大変で、難しく感じる操作を、若い人たちは「できて当たり前」という感覚でいとも簡単にこなします。**一〇〇年、一〇〇〇年続く企業を目指すためには、新しいスキルをものともせずに吸収していける若い世代の存在が、ますます貴重**になっていきます。

とはいえ、「来てくれるならば、誰でも良い」というわけにはいきません。人財を見極めることは必要です。そこで私は、最終面接で次の質問を必ずするように社長に頼んでいます。その質問とは、

「あなたは、運が良いですか？」

これは、経営の神様と呼ばれる松下幸之助氏（松下電器〈現パナソニック〉創業者）が採用面接で必ず尋ねたことでもあります。

多くの人は、運を「自分の意思や努力ではどうにもならないもの」と捉えています。しかし、**運とは自分で決めるもの**です。「運が良い」と自分で決めれば、人はそのときから運が良い人生を歩んでいけます。

そして、「私は運が良いです」と答えられる人からは、運さえも自分で決められるだけの自立心の高さが読み取れます。

反対に、「運が悪い」と言う人からは、人任せという面が見えます。こうした人は、何かトラブルが起こったときに、真っ先に他人のせいにします。自分で責任を取ろうという意識がない人には、自分で運を決めることができません。

一緒に働いてくれる社員には、運を自分で決めていける人財であってほしい。だからこそ、「私は運が良いです」と胸を張って答えられる人を採用することが大切なのです。

どんなに**社会のＩＴ化が進んでも、最終的に大事なのは人の意識の高さ**です。技術はツールであり、それをどのように使いこなすかは、人次第なのです。

第三章

後継者と「意識」の使い方

創業六〇周年の記念写真。大切な社員たちとともに。

潜在意識を動かし、無限の力を引き出す

後継者として生まれてきたことは、宿命です。

誕生したときから、後継者となることは決まっています。

しかし、後継者として経営を成功させられるかどうかは、人間性によって違ってきます。この**人間性を高めていくうえで大事になってくるのが、意識の使い方**です。

本章ではその意識の使い方をお伝えします。

意識には、「顕在意識」と「潜在意識」があることはご存じでしょうか。

顕在意識は、本人が自覚できる意識の世界であり、誕生してから今日まで培ってきた経験や知識で構成されています。顕在意識の世界には、自分と他人、時間（過去・現在・未来）、プラスとマイナス、善悪の区別があります。私たちはふだん、これらの区別に基づいて発言し、行動しています。

顕在意識を一言で表すならば、「意識の力でコントロールできる世界」です。この顕在意識は、とても小さく、意識の世界のわずか一〇パーセントに過ぎないと言われています。

一方、潜在意識は、本人が自覚できない世界であり、「無意識」とも表現されます。潜在意識は、人間の進化の歴史から誰も経験していない未来まで、すべてを包括する世界です。潜在意識の世界には、自分と他人、時間（過去・現在・未来）、プラスとマイナス、善悪の区別がありません。一言で表すと「意識でコントロールできない世界」が潜在意識です。

潜在意識の世界は非常に大きく、意識の世界の九〇パーセントを占めていると考えられています。

後継者として会社を今以上に発展させていくには、意識の九〇パーセントを占める潜在意識の世界をどう動かしていくことが非常に重要になってきます。一〇パーセントの限られた顕在意識の世界だけでは、能力が限定されてしまうからです。

ところが、九〇パーセントの意識の世界である潜在意識をコントロールできれば、可能性は無限に広がっていきます。この**無限の力は、自分次第で獲得していく**ことができます。


では、潜在意識を動かすには、どうするとよいのでしょうか。

潜在意識の使い方を知ることです。後継者が成功するうえで、これほど大切なことはないと私は考えます。

私が潜在意識の使い方を学び始めたのは、一九九四年のことでした。ある日、「バイオエネルギー理論を活用し、潜在意識を動かすことで、事業を成功に導く」との内容のダイレクトメールが届きました。最初の何通かは捨てていたのですが、改めて読んでみると、興味深い内容です。福岡市内のホテルでセミナーを開催するというので行ってみることにしました。

すると、参加者は私を含めて三人しかいない。約二時間のセミナー後、他の二人は「検討します」と帰っていきました。しかし、私は、

「おもしろい！　このトレーニングを実践したら、すごいことが起こる」

そう未来が鮮明に見え、その場で契約をしました。まるで神様が導いてくれたかのような出会いでした。

バイオエネルギー理論とは、意識の九〇パーセントを占める潜在意識の世界に働きかけて、自分の中に眠る無限のエネルギーを引き出していく方法論です。

この理論では、人は皆、「生まれながらに持っているバイオ（生命）エネルギーに支配されている」とします。そして、思考も性格も成功も幸せも、この世界で起こっていることのすべては、バイオエネルギーが起こす現象と捉えています。

さらに、「自分のエネルギーには、どんな特性があるのか」と理解していくことで、無限の可能性を引き出していけます。**自分に内在するエネルギーの特性を知る**

ことによって、潜在意識を効率的にコントロールできるようになるからです。

では、具体的にバイオエネルギーとはどのようなものでしょうか。

一言で言えば、宇宙エネルギーです。**私たちは誰もが宇宙の法則の中の生命体の一つとして、宇宙エネルギーを与えられています。**この宇宙エネルギーこそ、私が毎朝の修行で道世を中継地としてわが身に取り込み、全社員に送っているエネルギーです。

宇宙が発するバイオエネルギーには、一定の周期があります。そのため、生まれた日によって異なる特性のエネルギーが与えられています。そのことが、人の特性を決定づけることになります。

これを発見したのが、ベックスコーポレーションの現会長である香川哲氏です。香川氏は、独自のアルゴリズムで数字化に成功し、それぞれのバイオエネルギーの特性を「バイオナンバー」という数字で示しました。

経営者がバイオエネルギー理論を学ぶことの重要性は、**相手のバイオナンバーを知ることで、社員や取引相手のことをより客観的に理解できるようになる**ことです。本人が気づいていない特性まで読み解き、言動の理由を把握できます。

しかも、一人ひとりのエネルギーを正しく活性化させ、成長させていく方法が明確になるのです。

ただし、経営者にとって、社員を理解することより先に行わなければいけないのは、自分自身を深く知ることです。**経営者は自分を客観視することが大事**です。これができてこそ、真に効果的なリーダーシップを発揮できるのです。

バイオエネルギー理論を学ぶことで、すべての人は自分自身を客観的かつ深く知ることが可能となります。

ところが現実には、自分自身を理解できていない経営者が多い。自分がどんなエネルギーの持ち主かもわからないまま、自らの成功体験だけをもとに社員を教育しようとしています。そのときに出てくるのが、「こうあるべき」「それは違うんじゃないの」「こう改善すべき」という言葉です。

実際、**多くの経営者が「こうするべきだろう」という「べき」という言葉を頻繁に使っています。**

しかし、経営者が「よかれ」と教育しようとすることを、多くの場合、社員は望んでいません。社員自身にも内在するエネルギーがあるからです。**エネルギーが異なれば、「正しい」と思うことも、「こうやっていきたい」という志も違ってきます。**経営者はまずここを理解する必要があります。

そうだというのに経営者の多くは、相手の思いを考えず、自分の「こうあるべき」で社員を教育しようとしています。すると、相手は押しつけられたと感じます。

自分自身を否定されたと感じれば、反発心も生まれます。それによって、お互いに思いがどんどん通じ合わなくなっていきます。

そうなると、会社内にはマイナスのエネルギーが蓄積し、経営上に悪影響を与えるようになってしまいます。

実際、多くの経営者はこのことを日々経験しているはずです。**自分はがんばっているのに、社員が思うようについてこない**のは、まさにその現象の表れです。

私自身も、社長になったばかりの頃は、たくさんのトラブルに見舞われました。

しかし、バイオエネルギー理論を学び、トレーニングを行うことで、日々のトラブルをスムーズに解決できるようになりました。

しかも、宇宙エネルギーを自らに取り込み、その活性化したエネルギーを大きく増幅させて、社員一人ひとりに送るということも可能となっています。

さらに、ビジネスのスピードが速くなっています。プラスのことが次々に引き寄せられるので、安定と成長をバランスよく進めていくことができています。

プラスの出来事はプラスの言葉が引き寄せる

経営とは、人の営みです。

社員との間やお客さんとの間では、うまくいかないことも起こってきます。そのときに、自分の意識をどのように働かせるかで、結果はまるで違ってきます。

多くの**経営者が陥りがちなのが、うまくいかないことを人のせいにしてしまうこと**です。

社員が悪い。取引先が悪い。銀行が悪い。社会が悪い。時代が悪い。

経営がうまくいかないことを、いつも誰かのせいにしてしまう。経営者は人一倍成長意欲があり、良い結果を出すことにこだわっています。後継者となると、先代に良いところを見せたいとの思いも重なります。

その強過ぎる思いが、意図しないことが起こると、人のせいにしたり、マイナス発言をしたりする言動に繋がります。それが、結果的にトラブルの規模を大きくしています。

しかし、自分自身に起こることはすべて、自分が引き寄せたことです。

運を決めるのは自分であるのと同じように、**良いことも悪いことも、現在の自分がいる世界は、過去の自分が引き寄せた結果の世界**だと、バイオエネルギー理論では捉えています。

では、人は、どのようにして現在の世界を引き寄せているのでしょうか。

顕在意識と潜在意識が、結びついていることはお話ししました。この結びつきが、自分が意識できない世界である潜在意識を動かしています。

顕在意識は、言葉でコントロールできる世界です。自分が発するその言葉によって、顕在意識と結びついている潜在意識が動き、あらゆる物事を引き寄せていきます。つまり、**自分自身の言葉が潜在意識を動かすハンドル**になっています。

プラスの言葉を使えば、潜在意識の世界は、言葉のハンドルによってプラスに動き出します。**意識の世界の九〇パーセントを占める潜在意識がプラスに動けば、自分自身のエネルギーでプラスの出来事を引き寄せられる**ようになります。

しかし、何かのトラブルを誰かのせいにするなどマイナスの言葉を使えば、潜在意識の世界はとたんにマイナスに転じます。すると、マイナスの出来事が引き寄せられるようになります。

あらゆる物事を包括する潜在意識の世界には、前述したように、自分と他人の区別がありません。では、自分が発した言葉を、いちばんよく聞いているのは誰でしょうか。それは、自分自身です。

そのため、他人に向けた言葉であったとしても、マイナスの言葉を使えば、本人がそれを望んでいると思って、潜在意識はその出来事を引き寄せます。だからこそ、いかなることも、たとえそれが事実であったとしても、「**自分が望まないマイナス**」**は口にしない**ほうがよいのです。

私は元来、ポジティブ思考ですが、このことを知ってから、とくに気をつけてマイナスの言葉を使わないようにしています。私がマイナス現象を引き寄せてしまうと、社長や社員、家族など、周りの人たちに迷惑をかけかねないからです。

また、人は、いつも同じようなトラブルに遭遇します。これも潜在意識の働きが起こす現象です。自分が望まないマイナスの出来事を言葉にしているために、その出来事を自ら引き寄せてしまっているのです。

このことを、香川氏は「トラブルのマッチポンプ」という言い方をしています。

自らマッチで火をつけておいて、自分で水をかけて消す、という自作自演がマッチポンプ。トラブルのマッチポンプとは、**自分の言葉がトラブルを引き寄せているのに、外部に原因があると考え、「誰か」や「何か」のせいにし、他人に改善を求める**ことです。その改善を求めるとき、人は再び望まない出来事を口にしているのです。

つまり、同じトラブルのくり返しは、自作自演をしているに過ぎず、そこに成長はありません。あるのは、時間とエネルギーの無駄遣いだけです。

では、良い仕事を引き寄せ、会社をより良く成長させ、社員たちに明るく和やかに仕事をしてもらうにはどうしたらよいのでしょうか。

経営者自身がプラスのコメントをどんどんしていくことです。**社員や取引相手、お客さんに感謝し、ヨイショをしていく**ことです。プラスの言葉を使えば使うほど、潜在意識は「そうしてほしい」と本人が望んでいるものとして、プラスの世界を築き上げてくれます。
経営者がこの意識を持つことができれば、会社はいっきにプラスのエネルギーで包まれ、良いことが次々に引き寄せられていきます。

まえがきで、後継者不在による廃業の主な原因を六つ提示しました。「少子高齢化」「若者の価値観の変化」「事業継承の準備不足」「経営環境の変化」「資金調達の難しさ」「税制や法的問題」です。

この六つは一般的に言われている内容で、すべて外的要因です。よって、自分の力ではどうにもならないことと感じられるかもしれません。

しかし、こうした外的要因も、自分が引き寄せたことだと、まず気づくことが大事です。**社会のせいにするのではなく、自分事として考えること。**この意識を持ってこそ、解決の糸口を見つけ出せます。

他者は変えられませんが、自分のことは変えられます。そして、自分が変われば、

周りも変わるのです。プラス思考が潜在意識の世界をプラスに変えるからです。

次に、**未来を明るく照らすようなプラスの言葉で志を明文化し、毎日声に出して読む**ことをおすすめします。それによって潜在意識の世界がプラスになり、どんなトラブルに見舞われても、最良の解決策を引き寄せられるようになります。

常にプラス発想できるようになるので、プラスの出来事をおもしろいように引き寄せられるようにもなっていきます。

私も前述したように毎朝、人生の目標を音読しています。これを行うようになって、私の運はますます良くなり、人生は最高に楽しくなっています。八〇歳間近であるのに、毎日飲んでいる薬は今のところ一錠もありません。

参考までに、私の人生の志の一部を紹介します。

「今日一日怒らず恐れず悲しまず。
正直、親切、愉快に力と勇気と信念を持って、自己の人生に対する責務を果たし、
恒《つね》に平和と愛とを失わざる立派な人間として生きることを
厳かにお誓い申し上げます。
さらに世界平和のために、日本の平和のために、
自己の天命である王道を進んでいくことを固くお誓い申し上げます。

末永家の家長として本来あるべき時、
あるべき場所にドッシリと構える事ができました。
ロジテム九州ＶＩＳＩＯＮ１００が達成されました。
ライフローラＶＩＳＩＯＮ１００が達成されました。
バイオエネルギー理論に基づく
交通安全、渋滞緩和システムが達成されました。

八〇歳で宇宙意識、九〇歳で神意識、一〇〇歳で統一意識に到達し、
一一一歳で創業一〇〇周年を見届けて大往生いたしました。

私は上記の天命を果たすことができました。
ありがとうございました。感謝いたします」

毎朝、この志を声に出して読み、新たな気持ちで一日をスタートさせることで、
潜在意識の世界をプラスに保つことができています。

「ありがとう」が潜在意識を動かす

「現在」とは、自分が引き寄せた結果の世界。
これは、すべての出来事に当てはまります。

たとえば、運送会社にとって交通渋滞は困った問題です。配送時間が遅れるだけでなく、ドライバーがイライラしやすいからです。平常心を失うと、事故を起こす危険性が高まります。

ところが、潜在意識を働かせると、交通渋滞にも巻き込まれにくくなります。

交通渋滞も、マイナスの出来事です。そして、自分の身に起こることはすべて自分が引き起こした結果と考えると、

「交通渋滞も、周りの車に自分がそうさせた結果、起こっている」

という気づきを得られます。

何事においても、「気づく」という行為が大切です。**気づくことができれば、自分を変えるきっかけをつかめる**からです。

反対に、気づくことができなければ、人はいつまでもそのマイナスの世界の中に居続けなければいけなくなります。交通渋滞によくはまる人がまさにそうです。気

づきがないために、自らの世界をプラスに転換できず、イライラしながらそこにとどまり続けてしまっているのです。

ただし、気づいただけでは潜在意識の世界はまだ変わりません。潜在意識を動かすのは言葉です。言葉を使って、潜在意識のハンドルを動かす必要があります。その言葉とはたった二言です。

「気づきました。ありがとうございました」

これを声に出して言うことです。

「ありがとう」とは、「難」が「有る」と書いて「有り難う」。つまり、「ありがとう」と言ったとき、

「難が有りましたけれども、気づきました。これからプラスに変えていきます」

と、潜在意識に宣言したことになります。潜在意識は自分の言葉をよく聞いていて、自分の言葉の通りに自らの世界を動かそうとします。よって、「**ありがとう**」

と言えば、潜在意識は自らの世界をプラスに切り替えるのです。

交通渋滞も同じです。

「今日は五十日《ごとうび》だから、混むのは仕方がない」

「この時間帯にここが渋滞するのは、いつものことだ」

というのも、渋滞というマイナス現象を人のせいにしている言動です。では、渋滞というマイナス現象をプラスに変えるにはどうしたらよいのでしょうか。

くり返しになりますが、気づくことがファーストステップです。

「私が渋滞を起こしている」と気づき、周りの車に「迷惑をかけてすみません」と

まず考えます。そのうえで、

「私が渋滞を起こしていることに気づきました。ありがとうございました」

と、声に出して言います。すると潜在意識の世界がプラスに変わります。

私自身、この練習を続けてきたおかげで、現在は不思議なほど渋滞にはまらなく

なっています。交通渋滞というマイナス現象を、私自身が引き寄せなくなっているからです。

しかし、それは単なる偶然ではないのか、という思いもありました。そこで自分の体を使って実験してみることにしました。交通渋滞が起こっていそうな場所に車を走らせ、渋滞に入っていきました。そして、

「私が渋滞を起こしていることに気づきました。ありがとうございました」

と、声に出して言ってみたのです。すると、大渋滞の中にあっても、私の周りは車がだんだんと流れ出し、止まることなく走り続けられました。何度くり返しても、この現象が起こります。

とても不思議ですが、潜在意識を使うと、そんな現象が起こってきます。これこそが、九〇パーセントの潜在意識を動かした結果です。自分と他人の区別がない潜在意識の世界では、自分が変わることで、周囲も変わっていきます。

「自分が変われば、周りも変わり、世界が変わる」

これこそが、バイオエネルギー理論の中核を成す考え方です。

ただし、渋滞を回避できる領域に到達するまで、私は三〇年を費やしました。社員たちにもこの法則を伝えていますが、理解するのはなかなか難しいようです。とはいえ、道理を知っているかどうか、その道理を実生活に活用しているかどうかで、人生は一八〇度違ってきます。

今日という一日をマイナスの出来事を引き寄せながら生きるのか、プラスの出来事を引き寄せながら生きるのかでは、人生の質がまるで異なってきます。これはすべての人が理解できる人生の道理です。

人生の質を高めるためにもう一つ大切なことがあります。**一つの出来事をマイナスのほうから見るのではなく、プラス面から見る練習をする**ことです。

たとえば、交通渋滞のせいで到着時間が遅くなってしまったとします。ですが、そのおかげで、もしかしたら遭遇していたかもしれないトラブルや事故など、マイナスの出来事を避けているかもしれません。

そう考えると、交通渋滞もプラスの出来事と捉えることができます。そのことに「気づきました。ありがとうございました」と言ってみてください。

それによって潜在意識はプラスに働き、良いことを引き寄せられるようになっていきます。**交通渋滞は、潜在意識をプラスに切り替えるための絶好の練習の場**となるのです。

私は、社員たちによくこの話をします。車の運転を仕事にしている人にとって、車の運転ほど、潜在意識を動かす最高のトレーニング法はないからです。

「気づきました。ありがとうございました」との言葉が、潜在意識を動かすハンドルです。交通渋滞を含めてあらゆるトラブルが起こったときに、そう声に出して言うことで、潜在意識がプラスに動き出すのです。

志は「完了形」で明文化する

私が車の運転で潜在意識をコントロールする練習を行うのは、社員たちの交通事故を防ぐためです。

最近は車の安全性も高くなり、規制も厳しくなって、当社では事故による死亡者が出ることもなくなりました。しかし、この五〇年を振り返ると、我が社の社員と事故の相手方を合わせて、私の記憶の中でも二〇名に近い犠牲者がいらっしゃいます。

当社の正面には、お地蔵様をお祀りしています。

このお地蔵様には、物故者の御霊をお祀りし、二度と交通事故による犠牲を出さないように、そして社員が当事者にならないようにと祈願しています。

新年の年賀式には、ご住職にお祓いをしていただき、一年の安全を祈願します。

社員たちも、出社時と退社時にはお地蔵様に手を合わせ、

「車とる手を守らせたまえお地蔵様」。我が社の交通安全地蔵。

「車とる手を守らせたまえお地蔵様」

と一言、誓っています。

祈る時間はほんの一瞬です。一秒の積み重ねが一分になり、一分の積み重ねが一時間になり、一時間の積み重ねが一日と重なっていき、一月、一年と長い年月に繋がっていきます。

一日の中のほんのささやかな行いが積もり積もって大きな力となり、究極の安全が実現していきます。それほど、交通事故を防ぐには本人の意識が大事です。

交通渋滞にはまったとき、

「私が渋滞を起こしました。気づきました。ありがとうございました」

と言って、潜在意識をプラスに働かせるのも、ほんの一瞬でできることです。

「今日も何事もなく、無事に運転できました」

そう感謝の言葉を声に出すのも一瞬。この**一瞬を意識的に使えるかどうかが、大きな違いを生む**ことになります。潜在意識の世界をプラスにできるからです。

さらに、潜在意識の世界をプラスにするうえで、効果的な方法があります。

それは、未来をすでに実現した形で言葉にすることです。

「～したい」「～になりたい」と希望の形ではなく、**「～した」「～できた」という完結した文にする**ことです。経営理念や事業目標も、完結文にして明文化すると、実現しやすくなります。

なぜなら、人の言動に大きな影響を与えるバイオエネルギーは、常に未来から流れてくるからです。このエネルギーを活性化するには、明るい未来を描く「志」が必要です。会社の経営理念や事業目標がその「志」に当たります。

また、潜在意識には過去、現在、未来の区別がありません。**未来を明るく照らす「志」を完了形で示すことで、「すでにそうなっているんだ」という認識が潜在意識に伝わり、自然とその方向に動き始めます。**

現実の世界ではまだ実現していなくても、あたかも実現したかのように強く意識することで、潜在意識はその実現に向けて動き出すのです。

ロジテム九州の品質目標も、つい最近まで「究極の安全を目指して、事故をゼロにする」「最高の品質を目指して、トラブルをゼロにする」となっていました。

しかし、社員一同、毎日、唱和していても「事故ゼロ」「トラブルゼロ」がなかなか実現できない。なぜだろうか。そう深く考えていくと、「目指す」という言葉に問題があることに気づきました。

「目指す」という言葉には、「今はまだ実現できていないから、そこを目標にする」という意味が含まれます。つまり、事故やトラブルがあることを容認しているのです。よって、**何かを目指している限り、人は目標にたどり着くことはできません**。潜在意識に自らそう宣言してしまっているからです。

そのことに、私自身、ようやく気づきました。そこで二〇二四年、新しい品質目標を設定しました。それが、次の三つです。

「究極の安全が達成できました。ありがとうございました。感謝いたします」
「最高の品質が達成できました。ありがとうございました。感謝いたします」
「美しい心で美しい職場ができあがりました。ありがとうございました。感謝いたします」

こう宣言することで、潜在意識の中で、品質目標はすでに実現したことになります。そして、「ありがとうございました。感謝いたします」と感謝の気持ちを伝えることで、潜在意識が切り替わり、プラスの世界が開かれていきます。

私が社長だった頃、トラックの性能は低く、頻繁にエンストが発生していました。道路交通法も現在ほど厳しくなく、少しの気の緩みが重大な事故に繋がる可能性が高かったのです。そのため、走行スピードをチェックするシステムの導入など、さまざまな仕組みを整えました。これらの取り組みは確かに効果的ですが、最終的にはハンドルを握る一人ひとりの意識が重要です。

もしすべてのドライバーが潜在意識をプラスに活用できるようになれば、悲しい事故は起こらなくなるはずです。

当社で最後の死亡事故は、一九九九年です。

その日の出来事は今も忘れられません。私より一歳上のドライバーが早朝にトレーラーを運転して乗用車を運搬し、販売会社に納品をしました。その後、トレーラーの道板を格納していたときです。

カラオケで朝まで遊んでいた女性の運転する車が、居眠り運転で突っ込みました。当社のドライバーは即死。脚は切断されていました。

彼の葬式には父も参列し、私は弔辞を読みました。そして、私は彼の弔いのために頭を丸めました。以前は長髪だった私ですが、それ以降は短髪のままです。

あんな悲しいことは、二度と起こしてはいけない。そのためには、あの教訓を活かさなければなりません。それが彼への弔いにもなります。

私は、顧客を一社一社訪ね、道路で荷物を下ろさなくてよくなるよう交渉しました。車の販売会社やコンビニなど、繁華街にある店舗は、大型トラックを停められる駐車場がないことが多いのです。それでも、駐車場にトラックを停められないならば配送は難しいと、伝えて回りました。もしも、道路に駐車して納品するという仕事の仕方をしていなければ、彼は命を落とさずにすんだのです。

交通事故は、自分が加害者になることもあるが、被害者になることもある。いずれにしても、事故で亡くなることほど、悲しく悔しいことはありません。

私が今も、究極の安全と最高の品質を重視しているのは、この事故があったからでもあります。二度と、社員をあんな目に遭わせてはいけない。そして、後継者に私と同じ経験をさせてはいけない。トラックの性能が良くなり、法律が厳しくなったとしても、**事故が起こる状況を引き寄せないことが何より大事**なのです。

だからこそ、私自身も潜在意識をプラスに働かせるトレーニングを欠かさず行っています。社員たちにも、新しい三つの品質目標を唱和してもらい、潜在意識に浸透させています。これによって、事故やトラブルは起こらなくなっていくはずです。

意識は進化成長する

後継者を育て上げるために、親が絶対に知っておかなければいけないことがあります。

子どもには、意識が一八〇度変わるときがあります。年頃にして、だいたい一二～一八歳の頃。一般には「思春期」と呼ばれる時期です。

なぜこの時期、多くの子どもが「反抗期」と呼ばれる状態に入るのか、理由を考えたことがありますか？　自我の目覚めやホルモンバランスの乱れなど、さまざまな見解がありますが、バイオエネルギー理論ではそのことをわかりやすく教えてくれています。

バイオエネルギー理論では、この時期、**人のエネルギーは、生まれ育ってきた意識のエネルギーから、自立した大人になるための意識のエネルギーへと入れ替わる、**と捉えています。双方のエネルギーは、実は、正反対とも言える特性を持っています。これによって思春期、子どもには次のような現象が起こってきます。

それまで素直で従順だった子が、突然、自由奔放な言動を始める。

勉強好きでまじめ、何かにつけてこだわりの強かった子が、明るく社交的な特性を表すようになる。

人の目ばかり気にしていた子が、人目を考えるより自分のやりたいことを優先するようになる。


そんなふうに、まったく異なる特性を表面化させるようになります。正反対のエネルギーに入れ替わることで、意識のあり方がガラリと変化するからです。この変化は、すべての人に起こります。

その意識の変化を、親や周りの大人たちが温かく見守り、余計な口出しをせず、正しい方向へと導くことができれば、子どもの意識は、新たに芽生えてきたエネルギーにスムーズに移行できます。これを成功させられると、その子に反抗期は起こらず、親を尊敬したまま大人になります。良好な親子関係を保ったまま大人になれるので、子どもは後継者になることに何の抵抗も覚えません。

しかし、周りの大人が子どもの変化を受け入れられず、叱ったり、自分の考えを押しつけたりしてしまうと、子どもの葛藤は大きくなります。子どもは自分のエネルギーを無理に抑えなければならなくなるからです。

その反発が、反抗を生みます。あるいは、「落ちこぼれ」「不良」「うつ」「適応障害」などと呼ばれる状態になってしまいます。

つまり、**「反抗期」と呼ばれる苦しい状態を我が子に引き寄せてしまっているのは、親や周りの大人たち**なのです。

私の長男、現社長である浩司にもそうした時期がありました。

彼の子どもの頃の意識は、何事にも動じず、自分が信じたことに真っすぐ進んでいく、というエネルギーにコントロールされていました。

しかし、自立した大人になるための意識は、新しいことにどんどん挑戦していきたいというエネルギーにコントロールされています。

そのエネルギーとは、直観力を働かせて一瞬の判断で行動を起こし、次から次へと新しいことに目を向け、楽観的な気持ちで積極的に動いていく挑戦者のエネルギーです。

このエネルギーを持つ人は、とにかく束縛されるのを嫌います。現状に満足せず、自由な気持ちでさらなる進化成長をしていきたいので、他者のルールを押しつけられたと感じると、狭い枠に閉じ込められているようで、エネルギーが不活性化してしまうのです。

浩司は、子どもの頃は祖父のスパルタ教育を素直に受け入れていました。しかし、高校生になると、スパルタ教育にストレスを感じて学ぶ意欲を失い、ロックバンドや麻雀へと逃げ込んでしまったのだと思います。

そんなタイミングで、大学受験がやってきた。受験に失敗したのは、彼のエネルギーが不活性化していたためです。

では、反抗期に入ってしまった子どものエネルギーを、活性化させていくにはどうしたらよいのでしょうか。
「かわいい子には旅をさせよ」
と言います。大人になるためのエネルギーを活性化させるには、自立させることです。親の手が届かない外の世界へと送り出し、厳しい環境に身を置かせることです。**自立心を磨くことが、新たなエネルギーの目覚めと進化成長には欠かせない**と、バイオエネルギー理論では教えています。

この点において、今にして思うと、浩司をアメリカのボストンへ単身で旅立たせたことがとても良かったのでしょう。祖父のルールの世界から、すべて自分の責任で物事が進む自由な世界へと移れたことで、彼のエネルギーは活性化されたのです。

そう考えると、私自身も二年連続して医学部に落ち、約半年間、自室に引きこもっていた時期は、エネルギーを切り替えるために必要な時間だったのだと理解できます。あの時期、それまではスパルタ教育を施してきた父が何も言わずに私を見守り、医学部から工学部へと転身を決めた際も「いいじゃないか」とただ許してくれました。だからこそ、私には反抗期というものが起こらなかったのだとも理解できます。

以上のように、**後継者を育てるうえで、「子どもにはエネルギーの入れ替わる時期が必ず来る」と親が知っておく**ことは欠かせません。このエネルギーの入れ替わりは、意識を進化成長させていくために必ず通らなければならない道です。そのことを知っていれば、親は子どもを温かく見守り、自立する方向へと導くことが可能になります。

しかし、これを知らないと、子どもの変化に親は驚き、慌て、自分の思い通りにしようと我が子を力で押さえつけてしまいます。こうなると、子どもが進化成長するチャンスを親がつぶしてしまうことになります。そのことに子どもは反抗し、「親の跡なんて継ぐものか」というマイナスの意識を芽生えさせることになります。「おまえが後継者だぞ」と言われて素直に喜んでいた子や孫も、やがて「違うことをやってみたい」と言うときが来ます。そのときには、「かわいい子には旅をさせよ」と腹をくくって、ただ黙って送り出してあげること。それによって**自立心を磨き上げていく経験が、後継者としての意識を進化成長させる修行**となるのです。

そしてもう一点、経営において大切なことがあります。

先代と後継者が同じエネルギーである場合、ビジネスモデルをそのまま継承することが、会社の発展に繋がります。

しかし、二人のエネルギーが違う場合、ビジネスモデルを大きく変化させる必要があります。先代が自分自身のエネルギーで発展させてきた事業をそのまま行わせようとしてしまうと、後継者のエネルギーが不活性化してしまうからです。

後継者の代でさらなる発展を望むならば、先代のビジネスモデルを維持しつつも、後継者に最適なビジネスモデルを新たにつくり、事業を行うことが必要になってきます。

また、後継者は事業を継ぐのではなく、「会社を継ぐ」という意識を持つことが重要です。事業は時代によって変化させていくことが、会社の発展には不可欠だからです。

なお、人の意識のエネルギーは、思春期にどのように入れ変わるのか、先代や後継者はどのようなエネルギーを持っているのか、さらに詳しく知りたい方は、私の三十年来の盟友であり、バイオエネルギー理論の発明者である香川哲《さとる》氏の著書『「最高のリーダー」になる技術』（ワニブックス【ＰＬＵＳ】新書）を参考になさるといいでしょう。

マイナスは見ざる、聞かざる、言わざる。そして、思わざる

人はさまざまな思いの中で生きています。嬉しいこと、楽しいことばかりではありません。悲しいことや悔しいこと、怒りたくなることも出てきます。

私は、子どもの頃から周りのことが人一倍早く目について、反応してしまうところがありました。正義感が強く、短気でせっかちな気性でしたから、子ども時代は口より手が先に出て、手出しした相手の親御さんにこっぴどく叱られたことも再三でした。そんな言動が学友たちを傷つけてきたのではないかと、今になってよく思い起こします。

ベックスコーポレーションのバイオエネルギー理論の勉強会でも、熱心にトレーニングしない若手経営者についつい言い過ぎてしまい、

「末永さんがまた一人怒らせて、帰らせた」

と、香川氏から叱られたことが何度かありました。バイオエネルギー理論の「メッセンジャー」が香川氏ならば、最古参である私は「実践ジャー」だとの思いが強かったからです。

さまざまなことが鮮明に見えてしまう。プラスのことも見えるが、マイナスも見える。これは経営者に必要な資質ではあります。

しかし、それによって自分自身の中に怒りの感情を呼び起こしてしまうと、相手を傷つけることにもなり、自分のエネルギーもマイナスに転じます。**経営者にとって怒りの感情は何一つ良いことを生みません。**

そこで数年前、私は社員の前で、

「俺は、今日から『怒《ど》抜き』をやるぞ」

そう宣言しました。**「喜怒哀楽」から「怒」を捨てる。**怒りっぽく短気な私から「怒」をなくす。これは非常に難しい挑戦でした。そのため、たくさん練習をしました。

人は通常、嫌なことやつらいことに敏感に反応してしまいます。

私も野球やサッカーの試合を見ていて、ミスをした選手に「何をやってるんだ！」と監督でもないのに怒鳴ってしまうことがあります。**テレビに向かって怒鳴ること自体は誰にも迷惑をかけません。しかし、自分に悪影響を与えます。**マイナスの言葉は潜在意識に浸透し、自分が発した言葉はいつか誰かの言葉となり、自分に還ってくるのです。

つまり、スポーツ観戦は「怒抜き」を練習する絶好の場なのです。選手のミスに反応せず、素晴らしいプレーを純粋に楽しむことを心がけることで、日常生活でも「怒抜き」を実践できるようになります。

万が一、選手に「何やってるんだ！」と怒ってしまったときには、すぐに「気づきました。ありがとうございました」と潜在意識に宣言します。これが私の「怒抜き」の練習方法です。

もう一つ、「怒」の感情にとらわれないようにする重要な方法があります。

「マイナスは見ざる、聞かざる、言わざる。そして、思わざる」

これも、バイオエネルギー理論の重要な教えの一つです。経営者の皆さんがエネルギーをプラスに保ち続けるうえで、ぜひ実践してほしいことです。

会社を経営していたら、輝くような日もあれば、曇りの日、大雨の日、台風に見舞われる日もあります。

そんな逆境に立たされたときほど、この言葉を実践してみてください。ポイントは「見ざる、聞かざる、言わざる」の三猿のことわざに、「思わざる」をつけ加えることです。

マイナスの出来事を見たり聞いたりしたときにはそのまま反応するのではなく、プラスの面から見てみる。そうすることで、マイナスを思わなくてすみます。それによって、バイオエネルギーも不活性化しません。


創業者である私の父はとにかくよく怒る人で「怒抜き」は、最後まで実践しませんでしたが、「マイナスは見ざる、聞かざる、言わざる。そして、思わざる」の精神は持っていました。父が社長だった頃、当社には「善意の目」という運動がありました。一日一善。何か気持ちいいこと、嬉しいことを見つけて、みんなでわかち合おうという運動でした。

人は、周りの嬉しいことや楽しいことより、マイナスの出来事に飛びつく傾向があります。それは、マイナスの世界に自ら飛び込んでいくようなものです。

そのような見方とは一線を画して、**できる限り、人の良い面、世の中の良いところに注目**する。**嬉しいこと、楽しいこと、感動する場面では思いっきり反応する。**思いっきりの笑顔で腹の底から笑えば、潜在意識はプラスの出来事を次々と引き寄せてくれるようになります。

経営者として日々全力で働いていると、つい笑顔を忘れがちになります。しかし、笑顔と怒りは表と裏の関係です。笑顔を忘れると、顔は険しくなり、怒ったような表情になってしまいます。この状態では、バイオエネルギーは活性化できず、潜在意識もプラスに働きません。

私は、人と接するときには常に笑顔を絶やさないように心がけています。いつも**ニコニコしていると、多くの人が集まってきます**。しかし、その中には私を騙そうとする人もかつてはいました。最近は経験を積んだおかげで、それも自分が「そうさせていた」と気づき、騙されるというマイナスを引き寄せることはなくなりました。

マイナスを恐れて笑顔を捨てるよりも、プラスを引き寄せるために「怒抜き」を実践したほうが、人生はずっと豊かです。

自分の幸運の器を大きくすることで、運の良い人たちが集まり、私自身もますます幸運になります。八〇歳を迎えようとしている今も、毎日そのことを実感しています。

あとがき

会社を経営していると、避けて通れないのが後継者問題です。

後継者が定まらないと、どこを目指して経営していくとよいのかが見えなくなっていきます。

ロジテム九州の場合も、三代目までは長子継承でやって来ることができました。しかし、四代目をどうするかはまだ決まっていません。少子化、ダイバーシティ、ジェンダーなど、社会が複雑になるにつれて、選択の幅は変わっていきます。しかし、一〇〇年、一〇〇〇年と続く企業を目指していくには、次の後継者が非常に重要になります。後継者問題は、当社にとっても大きなテーマであり続けています。

私は問題とは常に真剣に向き合い、解決策を探し出してきました。それによって、運が味方してくれるときが必ずやってきます。

これは、後継者問題に限ったことではありません。**チャレンジ精神を忘れずに何事にもひるまずに挑戦していくと、神様が必ず味方をしてくれる。**私は何度もそうした経験をしてきました。

大事なのは、物事を常にプラスの方向から見て、ニコニコと笑顔でプラス発言していくこと。運とは、そうやって切り開いていくものです。

そんなふうに断言できるのは、年齢を重ね、たくさんの経験を積んできたからです。人は歳を取ると丸くなる、とよく言います。**人を丸く優しくしてくれるのは、年齢と経験**です。経験を重ねるごとに私たちの意識は磨かれ、マイナスの出来事に流されなくなっていきます。こうなると運がますます良くなり、日々楽しいことばかりを引き寄せながら生きていけるようになります。

実際、私の周りには元気な高齢者が大勢います。九〇歳になっても経営の第一線で世界を飛び回っている人もいます。**エネルギーがプラスに保たれていれば、年齢は恐れるものではなく、楽しむものになる**と人生の先輩たちは教えてくれています。

私が社員によく言っているのは、

「楽しいことも、つらいことも、過ぎる時間は一緒」

私たちに与えられているのは、一日二四時間という時間。その時間を楽しく過ごしても、つらい思いをしながら過ごしても、過ぎる時間は一緒です。それならば、何事も「どうにかなるさ」と楽観的にドーンと構え、プラス思考で生きていれば、人生それだけで幸せになります。

ところが、楽観的な思考を持てない人がいます。物事を何でも悲観的に見てしまうのです。そうした人には一様に不足しているものがあります。それは「感謝」です。

感謝の気持ちは、人を楽観的にします。反対に、悲観的なときには、感謝の気持

ちが失われています。

仏教の教えに「今日一日怒らず恐れず悲しまず」という言葉があります。いったいどうやったら、そんなふうに心の平穏を保って前向きに生きられるのでしょうか。簡単なことです。**「ありがとう」という言葉を常に心に置き、出会うすべての人に感謝の気持ちを持てばよい**だけです。

笑顔をつくって「ありがとう」と素直な気持ちで言う。それだけで、心は常に平穏で楽観的であり続けることができます。

私は一人の後継者として運送会社を経営する人生を歩んできました。

ブラジルで牧場を開いたり、ブラジルの裏社会に片足を突っ込んでみたりした時代もありました。振り返ってみると、これほどおもしろい人生があったろうかと思います。素晴らしい勉強をさせてもらいました。

そんな後継者人生を与えてくれた父と母には、感謝しかありません。妻の道世にも感謝。あの世に逝ってからも、私と宇宙を繋ぐ中継基地の役目を果たしてくれていています。後継者という大変な責務を楽しみながら果たしてくれている長男、「お父さん、そろそろ一緒に暮らそうか」と言ってくれる優しい長女、ブラジルと私の縁を繋ぎ続けてくれている次男にも心から感謝。さらに、三人を陰日向なく支え続けている二人の嫁と婿殿には、紙面を借りて厚く御礼と感謝を捧げます。そして、四代目五代目と繋ぎ続けてくれるだろう六人の孫たちには、大いなる期待と夢を託します。

最後に、ロジテム九州とライフローラを発展させ続けてくれている社員の皆さんに感謝の気持ちを伝え、本書を終わりにします。

ありがとう！

二〇二四年八月　　末永浩毅

株式会社ロジテム九州
ホームページ

株式会社ライフローラ
ホームページ

末永浩毅（すえなが ひろき）

株式会社ロジテム九州 会長。一九四五年五月、福岡市生まれ。福岡県立修猷館高等学校卒業、九州大学工学部を卒業し、一九七〇年にロジテム九州の前身末永通商に入社。一九七六年にブラジルに移住。一〇年間の牧場経営を経て帰国。一九八六年末永通商の代表取締役社長に就任。一九九九年にロジテム九州への社名変更とあわせて、ISO9001の認証取得。二〇一六年、創業六〇年を機に長男の末永浩司氏が社長に就任。自身は代表取締役会長に就任。現在は会長として、創業一〇〇周年に向けた長期事業構想など現社長をサポートしている。

後継者
初代、二代目、三代目、どうやって繋いできたか

2024年10月5日 初版発行

著者　末永浩毅

発行者　佐藤俊彦

発行所　株式会社ワニ・プラス
　　　　〒150-8482
　　　　東京都渋谷区恵比寿4-4-9　えびす大黒ビル7F

発売元　株式会社ワニブックス
　　　　〒150-8482
　　　　東京都渋谷区恵比寿4-4-9　えびす大黒ビル

装丁　橘田浩志（アティック）

編集協力　柏原宗績

DTP　株式会社ビュロー平林

印刷・製本所　大日本印刷株式会社

本書の無断転写・複製・転載・公衆送信を禁じます。落丁・乱丁本は㈱ワニブックス宛にお送りください。送料小社負担にてお取替えいたします。ただし、古書店で購入したものに関してはお取替えできません。
■お問い合わせはメールで受け付けております。
HPより「お問い合わせ」にお進みください。
※内容によってはお答えできない場合があります。
※サポートは日本国内のみとさせていただきます。
© Hiroki Suenaga 2024
ISBN 978-4-8470-6226-1
ワニブックスHP　https://www.wani.co.jp